# Wer sind wir?

Cover: „Trust"
Monika Schlöbe
www.fotoschloebe.de

# Wer sind wir?

Günther Messerschmid

Bibliografische Information der Deutschen Nationalbibliothek: Die Deutsche Nationalbibliothek verzeichnet diese Publikation in der Deutschen Nationalbibliografie; detaillierte bibliografische Daten sind im Internet über **dnb.dnb.de** abrufbar.

Herstellung und Verlag:
BoD - Books on Demand, Norderstedt

**ISBN 9 783751 900300**

# Inhalt:

## Vorwort:

Das Buch soll informieren. Es soll nicht belehren. Es kann alte Erinnerungen an unser wahres Selbst in unser Bewusstsein vordringen lassen, indem vorhandenes Wissen, das nur unbewusst ist, angeregt wird. Dadurch besteht die Möglichkeit, dass es in uns bewusst wird. Wenn uns etwas bewusst wird, heißt es noch nicht, dass wir reagieren oder eine Reaktion zeigen. Diese kommt erst, wenn wir unser Verhalten an unser Wissen anpassen. Das ist eine Willensentscheidung - unsere eigene Willensentscheidung.

Sie entscheiden, ob Sie mit Ihrem Wissen etwas anfangen oder nicht. Sobald die Informationen in diesem Buch mit einer Erinnerung, die Sie selbst haben, korrespondiert, kann Ihre eigene Erinnerung in Ihr Bewusstsein aufsteigen. Damit löst eine beliebige äußerliche Information eine eigene Erinnerung aus.

Diese Erinnerung kann dann zur Realität werden, wenn Sie sie zulassen und sie Ihre eigene Kontrolle passieren kann. Der Gedanke: „Das ist doch Humbug" ist für eine Erinnerung wie ein Todesstoß. Sie verschwindet dann wieder aus unserer bewussten Erinnerung. Wenn beispielsweise eine Erinnerung an unsere Spiritualität real wird, wenn unser Bewusstsein sie zulässt, kann sie unseren Glauben stärken. Der Glaube an Gott und der Glaube an unsere Unsterblichkeit kann dann in unserem irdischen Leben etwas Selbstverständliches werden.

Wir sind unsterblich, auch wenn wir diese Erinnerung nach irdischen Maßstäben nicht beweisen können. Was sterben kann, ist nur unser irdischer Körper. Er unterliegt dem ganz normalen Wandlungsprozess.

Unsere Entwicklung als Menschen mit den Fähigkeiten, die wir hier in der Materie und auf der Erde zum Ausdruck bringen können, fängt beim NICHTS an. Wir bezeichnen das Nichts gerne als Dunkle Materie. Wir können sie nicht nachweisen, weil uns die Mittel dazu fehlen. Wir können nur ihre Wirkung über die von ihr ausgehende Gravitation feststellen. Aus spiritueller Sicht ist in der Dunklen Materie kein Leben.

Im Laufe unserer Leben hier auf der Erde lernen wir nicht nur die Materie kennen, wir lernen auch uns kennen. Geburt und Tod sind nur ein kleiner Teil dessen, was wir hier lernen. Wir sind Vater oder Mutter, Freund oder Feind. Wir können hier alles sein. Unser Ziel auf der Erde ist, das Leben in seinem ganzen Umfang kennenzulernen. Wie ist es, wenn wir betrügen? Oder uns bekriegen? Oder morden? Oder eine andere Tat begehen, die das Leben nicht fördert, sondern ihm schadet. Wenn wir aus diesem Leben gehen, lassen wir alles hinter uns, außer unserer Erinnerung und unserem Geist. Diese sind uns und diese nehmen wir mit.

Wenn eine Erinnerung in den Tiefen unseres Unterbewusstseins (Seele) ist, ist sie für uns bewusst nicht zugänglich. Das ist auf der Erde in unserer jeweiligen Inkarnation so gewollt. Sonst könnten wir die Leben nicht unbeeinflusst führen. Und darum geht es ja. In einem Leben sind wir ein Mann und Vater, in einem anderen Leben eine Frau und Mutter. Zusammen genommen ermöglicht es uns, die Mannigfaltigkeit des Lebens kennenzulernen.

Das Ergebnis ist, dass wir, wenn wir irgendwann von diesem Ausflug in den Sandkasten der Materie in unser geistiges Leben zurückkehren, sehr viel wissender sind. Dann wissen wir nicht nur theoretisch, wovon wir reden, wir haben es auch selbst erlebt und am eigenen Körper erfahren. Was wir als wichtigste und größte Entdeckung kennenlernen, ist die Liebe und die Größe des Spektrums, in der sie wirkt. Sie wirkt praktisch gesehen in allen unseren Leben und in allen Lebensbereichen.

Es gibt die Liebe zu Partnern, zu den eigenen Kindern oder umgekehrt von Kindern zu ihren Eltern. Der Ursprung der Liebe ist die bedingungslose Liebe Gottes. Wenn wir Liebe kennen und verinnerlichen lernen, lernen wir in Wahrheit nur einen kleinen Teil der Schöpfung kennen. Aber wir lernen den Teil kennen, der alles zusammenhält, der fördert und die Verbindung zu allem schafft.

Zur Erinnerung: Ein Kennzeichen von Leben ist Veränderung. Deshalb ist auch Materie belebt, sie hat nur kein eigenes Bewusstsein. Das mag schwer verständlich sein. Ein Stein ist für uns leblos. Wenn wir aber genügend Zeit vergehen lassen, verändert sich auch ein Stein. Gut sehen kann man das an alten Bauten wie den Pyramiden oder an Bergen. Eine Veränderung findet statt. Es können viele Einflüsse sein, die Veränderungen bewirken. Zeit spielt in der spirituellen Welt keine Rolle, genauso wenig wie Raum. Diese Begrenzungen sind nur irdischer Natur. Sie ermöglichen spezielle Erfahrungen, wie sie nur auf der Erde in der Materie möglich sind.

Aus spiritueller Sicht gibt es nur eine Grenze, die berücksichtigt werden will und auf die Rücksicht genommen werden sollte. Es ist die Grenze von Leben. Was wir hier auf der Erde neben den Varianten der Liebe auch lernen können, ist das Leben zu schätzen und darauf Rücksicht zu nehmen.

Wir erkennen die Missachtung des Lebens, wenn wir Grenzen nicht einhalten. In unserer Gesellschaft nennen wir das Missbrauch. Die Grenze zum Missbrauch ist die Missachtung von Leben. Gemeint ist das Leben. Es schließt die Natur, die Menschen, die Erde und die Schöpfung mit ein.

Das Leben dürfen wir gebrauchen, es aber nicht missbrauchen. Wenn wir Leben missbrauchen, erfolgt Bestrafung - aus spiritueller Sicht. Wir sollen lernen, Grenzen einzuhalten.

# Kapitel I
## Mensch in der Gegenwart

# Seele

Wer steuert unsere Erinnerung. Wer ist dafür verantwortlich, dass eine Erinnerung plötzlich in unserem Bewusstsein auftaucht? Manchmal ist es ein Traum, manchmal ein Gefühl, manchmal auch Wissen und dieses oft genug ohne erkennbaren Grund. Wir meinen das zumindest. Ein Beispiel: Manchmal ist es wie mit Körnern, die man Hühnern vorwirft. Die meisten Körner werden schnell gefunden, manche erst später. Ähnlich ist es auch mit Erinnerungen. Oft genug haben wir eine. Besonders wenn es sich um wichtige Geschehnisse aus diesem Leben handelt, haben wir einen bewussten Zugang.

An vieles erinnern wir uns jedoch nicht. Besonders, wenn es Erlebnisse aus unserer Kindheit und Jugend sind, versagt unsere Erinnerung oft genug. Je weiter wir zurückgehen, desto weniger können wir uns erinnern. Das trifft auch auf unsere früheren Leben zu und betrifft ganz besonders unser eigentliches Sein.

Also, wer ist der- oder diejenige, die insbesondere alte und ganz alte Erinnerungen in uns wachruft. Es muss jemand sein, für den Zeit keine Rolle spielt. Es gibt viele Definitionen für Unterbewusstsein. Die Wahrheit wird dabei nicht genannt. Es ist unsere Seele. Und die Seele ist göttlicher Natur. Sie ist unsere Verbindung zu Gott. Gleichzeitig ist sie der Motor, der uns bei unserer Entwicklung hilft und antreibt. Helfen und antreiben ist an dieser Stelle als Fördern gemeint. Manchmal sehen wir die Aktivität unserer Seele als antreiben. Dabei stellen wir oft genug erst viel später fest, dass es kein Antreiben war, sondern ein wohlgemeintes „anschubsen".

Ohne unsere Seele würden wir nicht leben. Sie ist der Teil, der uns zu unserem „Mensch sein" verhilft. Sie führt uns durch alle Leben und ist unser ständiger Begleiter. Wenn wir sie zulassen, ihre Nähe zu uns zulassen, kommen wir immer mehr in die Lage, sie als Freund und Partner in unser Leben mit aufzunehmen. So wie wir uns selbst zulassen oder nicht zulassen, so können wir auch mit unserer Seele verfahren. Das ist unsere Freiheit. Wir können nicht nur uns selbst, sondern auch unsere Seele annehmen. Wir können beides nicht nur annehmen, sondern auch fördern. Wie ist das gemeint?

Der Zugang zu unserer Seele ist während unseren Leben hier auf der Erde sehr beschränkt. Unsere Seele braucht den Zugang zu uns nicht. Sie hat ihn. Wir können unseren Zugang zu unserer Seele ermöglichen, indem wir ihn freilegen und dadurch befreien. Wie das geht, ist in dem Buch: „Weg zurück in die geistige Welt." beschrieben. Bitte jetzt weiterlesen. Die Befreiung des Zugangs zu unserer Seele ist ein anderes Thema.

Unser wichtiger Entwicklungsschritt ist, zu uns selbst zu finden und uns selbst zuzulassen. Der Rest findet sich dann von alleine. Wenn wir das geschafft haben, liegt es an uns selbst, uns den Zugang zu unserer Seele zu ermöglichen. Warum? Nur wir können unsere Seele hören, nur wir können ihre Sprache der Träume verstehen. Manchmal sind es auch Gefühle, die wir spüren und nicht unsere Eigenen sind. Nicht aufgeben. Jeder kann das, jeder kann zu seiner eigenen Seele finden.

Wir selbst bestehen hier auf der Erde aus unserem Ego. Und das Ego können wir zu unserem leichteren Verständnis in Bewusstsein, Verstand und Erinnerung weiter unterteilen. Durch unsere Leben auf der Erde bilden wir alle drei aus und dadurch unser Ego weiter. Unser Ego bildet zusammen mit anderen Eigenschaften unsere Individualität. Genau dabei hilft uns unsere Seele. Wenn wir sie nicht hätten, würden wir immer noch in Afrika im Grasland wie wilde Tiere leben. Um es direkt anzusprechen: Wir entwickeln uns nur durch unsere Seele.

Die Seele ist göttlicher Natur. Alles, was lebt, hat einen Zugang zu Gott. Wenn wir diesen Zugang nach unseren Maßstäben klassifizieren wollen, hat ein Berg wenig, ein See auch wenig, ein Tier schon etwas mehr, etc. Das ist aus unserer Sicht. Und diese Sicht sieht nicht die ganze Wahrheit. Für Gott gibt es keine Unterschiede. Die gibt es nur für uns, weil dadurch Verstehen erleichtert wird.

Die Seele führt uns über die Materie zu unserem eigentlichen Sein als geistige Wesen. Zur besseren Erklärung: Raumfahrt und alles, was mit technischer Entwicklung zusammenhängt, ist nicht schlecht. Uns sollte bewusst sein, dass das „nur" unsere verstandesmäßige Entwicklung ist. Wir können stolz darauf sein, was wir aus für uns toter Materie alles geschafft haben. Die Technik beschränkt uns jedoch auf die Materie. Sie kann die Begrenzungen der Materie nicht verlassen, weil sie aus Materie ist. Die von uns so verehrte Wissenschaft ist durch die Beweisführung beschränkt. Als Wissenschaftler versucht man für alle Erkenntnisse einen Beweis zu führen. Das dient unserem Verständnis. Wir übersehen dabei das Ganze. Ein wissenschaftlicher Beweis ist nur ein Teil der ganzen Wahrheit.

Ein Beweis, wie wir ihn kennen, können wir außerhalb der Materie nicht führen. Beweise sind daher auch nur für diese Ebene, der Ebene der Materie, relevant. Was wir innerhalb dieser Grenzen nicht oder noch nicht kennen, können wir versuchen, mit den Mitteln unseres Verstandes zu ergründen. Genau dafür bieten Wissenschaft und Technik die geeigneten Lösungen für unser Verstehen an. Wie weit ist es zum Mond? Wie viel Sonnen hat unsere Galaxie? Das sind Fragen, die wir leicht beantworten können.

Schwieriger wird es schon, was wir nach unserem körperlichen Tod machen. Die Fragen, die dazu entstehen, können wir nur mit der Hilfe unserer Seele beantworten. Während die Beweisführung, so wie wir sie kennen, lediglich linear ist, ist die weitere Entwicklung der Menschheit progressiv. Die Beweisführung ist in unserer Realität nur über Geschehnisse definierbar. Beispiel: Prognosen. Eine Vorhersage (Prognose) wird durch das eintreffende Ereignis bestätigt. Das wäre die materielle Definition.

Genau damit kommen wir auch an die Grenze der Materie. In ihr bestehen Bedingungen, die im geistigen Bereich nicht bestehen. Dazu gehört neben anderem die Zeit und der Raum. Was in der Materie nur mit empirischer Wissenschaft möglich ist,

z. B. die Prognose, gibt es im geistigen Bereich nicht, weil es da keine Zeit im Sinne unseres Verständnisses gibt. Wir verlassen als moderne Menschen durch unsere Entwicklung immer mehr die Ebene der Materie. Wir meinen, keinen Ersatz für die Lücke zwischen der materiellen Entwicklung und der des Geistes zu haben. Wir versuchen, diese Lücke durch unsere Technik zu schließen. Als Folge kultivieren wir immer weniger unser Sein und unterwerfen uns immer mehr der Technik. Wir verstehen unser Dasein zu wenig. Im Zuge dessen kümmern wir uns immer weniger um unseren Glauben und als Ersatz immer mehr um Technik. Diese Entwicklung hat einen Stand erreicht, indem wir nicht bemerken, wie sehr wir von der Technik abhängig geworden sind.

Zum leichteren Verständnis: Produkte der Technik sind im wesentlichen Autos, Computer, Raumfahrt, Medizin und Fliegen. Diese sind für uns Menschen sehr nützlich. Wir benutzen sie. Und jetzt kommt die Frage: Wer ist von wem abhängig geworden? Ist es der Mensch oder seine Technik? Wer unterwirft sich immer mehr wem? Wer kann ohne wen nicht mehr leben?

Es folgt kein Vorwurf, um diese Disharmonie klarer zu machen. Der Weg zur Technik ist nicht falsch, genauso wenig wie der Weg zum Glauben falsch wäre. Unser Glaube ist älter als die erwähnenswerten Fortschritte der Technik. Feuer zu machen und zu kontrollieren, war eine unserer ersten Entdeckungen, die wir der Technik zuordnen können. Den Glauben an Gott und seine Natur hat es gegeben, seitdem sich Menschen ihrer selbst bewusst werden. Wenn Technik und Glaube den Entwicklungsweg gemeinsam gingen, wäre unser Leben ausgewogener. Aber Glaube stagniert.

Man mag die spirituelle Welt noch akzeptieren. Dann hört es schon auf. Lieber vertrauen wir unserem Handy. Daraus folgt: Vertreter des Glaubens, alle Kirchen, Moscheen etc. entwickeln sich zu wenig weiter. Während sich Technik weiterentwickelt, entwickelt sich unser Glaube nicht - hin zu Wissen. Während die Technik in unserem Äußeren stattfindet, entwickelt sich der Glaube in unserem Inneren. Wir sind nicht mehr in der Situation, dass wir dann glauben, wenn man uns sagt, wie wir glauben sollen. Wir sind durch die technische Entwicklung immer mehr in der Lage, auch unsere innere Entwicklung bewusst wahrzunehmen. Unser innerer Glaube korrespondiert immer weniger mit dem von Kirchen bzw. den öffentlichen Institutionen vertretenen Glauben, dafür immer mehr mit unserer inneren Entwicklung. Das ist eigentlich sehr zu begrüßen. Die Kirchen befinden sich einer Transformation. Weg vom Diktat, hin zur Partnerschaft. In Zukunft könnten Kirchen ein Ort sein, in dem wir unseren Glauben leben können und gleich gesinnte Menschen finden.

Einige Beispiele: Das Zölibat der katholischen Kirche klammert Frauen vom Priestertum aus, im islamischen Glauben gibt es in manchen Glaubensrichtungen immer noch die Prügel/Todesstrafe. Frauen werden missachtet. Die Beispiele lassen sich fortführen. Ein Grund dafür ist offensichtlich, der Glaube entwickelt sich in den Institutionen zu wenig oder gar nicht weiter und damit leider auch viele Menschen.

Umgekehrt kann sich der Glauben an eine spirituelle Welt in jedem Menschen weiter entwickeln. Diese Diskrepanz erzwingt eine Kompensation. Eine Fluchtmöglichkeit ist weg vom institutionellen Glauben hin zur Technik. Die Technik ist eine Entwicklung der Materie. Sie ist nicht spirituell. Vieles wird in ihr einfacher, als es vom Glauben jemals ermöglicht wurde. Deshalb unterwerfen wir uns auch lieber einem komfortablen Auto, als nach den Geboten unserer Kirchen zu leben. Unter „Kirchen" sind Institutionen aller Glaubensrichtungen gemeint.

Eine Vorgehensweise von uns Menschen ist, wenn wir etwas nicht wahrhaben wollen, existiert es für uns auch nicht. Dieses Denkmodell hat in der Vergangenheit gut funktioniert. Ignorieren war es eine gute Methode, um Unangenehmes aus unseren Leben auszuschließen. Das ist Denken der Materie. Einfach nicht wahrhaben wollen, dann existiert es auch nicht.

Wir haben einen Begriff, der die Lücke des Nichtwissens zulässt. Es ist der Glaube. Da der Glaube von uns immer weniger kultiviert und weiterentwickelt wird, verkümmert er. Es gibt in unserem Leben wichtige Unterscheidungsmerkmale, wie positiv/negativ, Tag/Nacht, männlich/weiblich. Und es gibt Grauzonen, die den Übergang verdeutlichen. Es wird nicht von jetzt auf nachher dunkel. Es gibt einen geringen, aber überall vorhandenen Teil des Übergangs von einer in die entgegengesetzte Form. Diesen kleinen Teil betrachten wir nicht weiter. Sie ermöglichen einen sanften Übergang von einem in den anderen Zustand. Leben ist nicht digital.

Um die Konsequenz an einem Beispiel zu verdeutlichen: In der Natur gibt es männlich und weiblich.

Wieso lassen wir dann das Zölibat zu?

Wenn die Natur ein Vorbild für uns ist, wenn Gott sie geschaffen hat, um uns das Leben auf diesem Planeten zu ermöglichen - welches Recht, welches Argument ist stärker als der Wille Gottes?

Das Zölibat der katholischen Kirche beschränkt unsere Erlebniswelt und dadurch auch die Erlebniswelt des Glaubens. Wie wäre es, wenn wir auch Frauen als Priester zulassen würden? Wir würden völlig neue Erfahrungen machen. In der „alten" Welt war das vielleicht nicht möglich. In der heutigen, aufgeklärten Welt wäre es möglich - Leben zuzulassen. Einzige Einschränkung wäre, die Grenzen anderer nicht zu verletzen. Nur hat es diese Grenze schon immer gegeben.

# Wieso gibt es Menschen?

Menschen sind Ausdruck des Lebens und Leben ist Gott selbst. Wenn es kein Leben gäbe, gäbe es auch keine Menschen. Wir Menschen sind in unserer Einzigartigkeit ein Ausdruck des Lebens. Wir sind ein Teil vom Leben und gleichzeitig bringen wir durch unser Leben DAS Leben zum Ausdruck. Das Leben ist in allem, auch in der Materie. Materie hat nur kein eigenes Bewusstsein. Sie ist sich deshalb nicht bewusst. Sie gibt es aber trotzdem. Sie weiß nur nicht, dass sie lebt. Ein Kennzeichen von Leben ist Veränderung - aus spiritueller Sicht. Aus menschlicher Sicht definiert sich Leben mit anderen Merkmalen.

Leben braucht keine Materie. Materie gibt es nur, damit geistige Wesen Erfahrungen sammeln können, die sie nur hier machen können. In der Materie hat Zeit eine andere Bedeutung, wie für Menschen. Was Leben braucht, um sich entfalten zu können, ist Liebe. Damit ist auch, aber nicht ausschließlich, die Liebe bei der Fortpflanzung gemeint. Liebe ist das verbindende Element zwischen allem Leben. Ohne Liebe macht Leben keinen Spaß. Das können wir hier begreifen. Vielleicht - hoffentlich kommen wir irgendwann in die Lage, Gott selbst zu fragen, warum er Leben erschaffen hat. Es wäre schön für uns, dorthin zu gelangen, wo er ist. Auch wenn es Mühe macht, dorthin zu kommen. Vielleicht ist es deshalb anstrengend, damit wir es schätzen lernen.

Das Menschsein liegt auf der Entwicklungslinie hin zum geistigen Wesen. Der Charakter eines Menschen beinhaltet schon vieles von geistigen Wesen. Der große Unterschied ist, dass ein geistiges Wesen sich nicht von seinen Eigenschaften dominieren lässt. Das Ego eines Menschen kann das nicht, solange es sich selbst nicht bewusst ist, sondern meint, eine Eigenschaft zu sein.

Wie lässt sich das EGO am besten erklären?

Zu Beginn unserer Entwicklung meinen wir (unser ICH), eine Fähigkeit zu sein, z. B. ein Gladiator oder ein Soldat in einem Krieg oder eine Mutter. Sobald sich ein Ego seiner selbst bewusst wird, betrachtet es sich als „einer unter vielen", als gleichberechtigt. Unser Ego bildet sich aus ICH, unserer Erinnerung und dem Verstand. Solange es aber meint, eine Fähigkeit zu sein, bleibt es auch auf diese beschränkt.

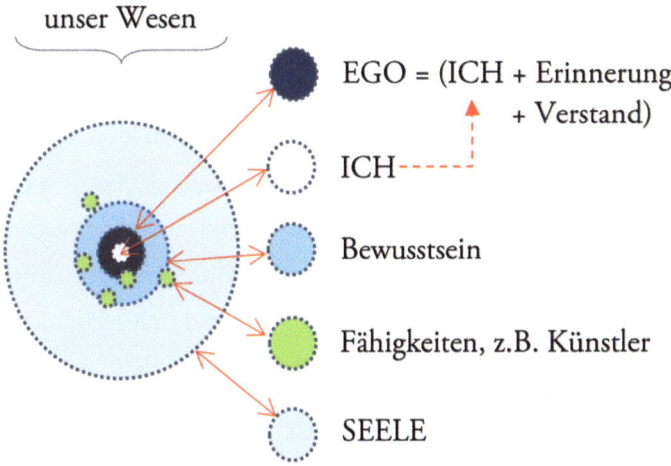

Das ist eine Momentaufnahme zum besseren Verständnis. Wir ändern uns laufend und entwickeln uns weiter.

## Entwicklung der Menschheit

Wir sind in der Materie, um zu lernen. Hier gibt es Möglichkeiten, die es in der Spiritualität nicht gibt. In der Dualität hat alles sein Gegenteil. So können wir Vater oder auch Mutter sein. Als geistige Wesen haben wir diese Fähigkeiten in uns. Um unsere speziellen Erfahrungen machen zu können, verzichten wir in diesen Leben hier in der Materie auf viele unserer Fähigkeiten. Wir gewinnen dadurch Erfahrungen, wie sie nur hier möglich sind. Wie ist es beispielsweise, ein Kind zu sein oder ein Greis?

Neben diesen üblichen Erfahrungen gibt es auch Lernaspekte, die uns so einfach nicht bewusst sind. Selbst als geistige Wesen nicht. Was passiert, wenn sich Gier, die wir als tierische Wesen entwickelt haben, mit Macht, die wir ab etwa der Steinzeit entwickelt haben, kombiniert? Die absolute Steigerung von Gier und Macht in Kombination haben wir zuletzt in den beiden Weltkriegen erfahren. Einige werden behaupten, dass es um die Vernichtung ging. Ja, vordergründig. Wenn wir uns die Geschehen in jener Zeit genau ansehen, wurden vordergründig „Sündenböcke" für Gräueltaten ausgewählt. Die wirklich Mächtigen wurden von ihrer Gier und Machtstreben beherrscht.

Heutzutage steht eine weitere Erfahrung an. Wie wirkt es sich auf die Menschheit im Allgemeinen und dem Menschen im Besonderen aus, wenn sich Gier und Macht mit Geld kombinieren? Bisher war Geld hauptsächlich ein Tauschmittel. Das galt noch während den beiden Weltkriegen. Was die Weltentwicklung angeht, sind die westlich orientierten Nationen die dominierenden Nationen. Den Höhepunkt dieser Dominanz erlebten wir mit der Auflösung der Sowjetunion. Direkt danach galt in der Wirtschaft noch die Definition von Kapitalismus. In der Politik galt die Definition von Demokratie. Das war die Grundtendenz der meisten Nationen.

Die Welt formiert sich neu. In der jetzigen Phase kommt fast unmerklich eine sehr alte Kraft hinzu. Es ist Geld, aber mit einer weiteren Funktion. Geld in Verbindung mit Gier und Machtstreben bringen in ihrer gemeinsamen Wirkung etwas Neues. Sie bilden ohne Rücksichtnahme auf die Beteiligten die Teuerung.

Den Beginn der Konsequenzen erleben wir schon jetzt. Wir haben die Gier. Ihren Ausdruck finden wir in der Maßlosigkeit der Ausbeutung, z. B. des Planeten und der Menschen. Wir finden Macht. Sie kommt in dem Krieg zwischen Ost und West zum Ausdruck. Und nun kommen wir zur dritten Komponente, Geld. Weil Gier und Macht zusammenwirken, kann Geld bei wenigen immer weiterwachsen. Während viele hungern, auf der Flucht sind und kein menschenwürdiges Dasein führen, leben andere in „Saus und Braus". Die Kombination dieser drei Merkmale bewirkt, dass das soziale Wesen von Menschen nicht mehr wirken kann.

Hilfsbereitschaft ist einer unserer Wesenszüge. Wir sind soziale Wesen. Es könnte sein, dass die aktuelle Entwicklung nicht linear verläuft, sondern progressiv ist. Dann würde das Sterben des Planeten, der Natur und der Menschen sehr bald sehr viel schneller und vor allem deutlicher werden. Es würde so deutlich, dass niemand mehr von einer normalen Entwicklung des Planeten sprechen könnte.

Der Krieg zwischen Russland und der Ukraine, so schrecklich er ist, sollte uns nicht von einer Entwicklung ablenken, die uns alle betrifft. Egal ob wir Chinesen, Inder, Asiaten, Europäer oder Amerikaner sind. Es geht nur um Gier, Macht und Geld. In Kombination sind sie die Teuerung.

Teuerung mag für manchen ein zu schwacher Begriff sein, für andere nichtssagend. Er ist jedoch zutreffend. Damit kommt etwas zum Ausdruck, dass wir so noch nicht sehen und mit dem wir noch keine Erfahrung haben: Auf diesem Planeten zu leben wird für das Leben zu teuer! Gefahr verstanden?

Wir erfahren dadurch alle, wie es ohne Selbstkontrolle ist. Gier, Macht und Geld können wir nur bei uns selbst kontrollieren, nicht bei anderen. Was wir erfahren - wie es ist, wenn wir unsere Fähigkeiten nicht kontrollieren, sondern wir von ihnen kontrolliert werden. Solange wir von unseren Fähigkeiten dominiert werden, solange lassen wir uns auch von anderen (äußeren) Instanzen kontrollieren und dominieren.

Teuerung ist etwas, das wir selbst erschaffen haben. Sie kann zu unserer Vernichtung beitragen. Sie könnte aber auch dafür sorgen, dass wir uns selbst zur Räson bringen, d. h. uns selbst zügeln, indem wir vernünftig werden.

# Beispiel: Erinnerungen an Dinosaurier I

An dieser Stelle ist die Erinnerung an Dinosaurier angebracht. Unsere größte Einschränkung ist, dass wir nur Erinnerungen aus diesem Leben zulassen. Wir erinnern uns nicht an mehr. Aber unsere Seele tut es. Wir haben schon ein Problem, wenn wir als ältere Menschen an unsere Kindheit oder Jugend zurückdenken. Wenn wir also die Verbindung zu unserer Seele wiederbeleben, beleben wir damit auch uns selbst.

Das Leben auf diesem Planeten wurde schon mehrfach nahezu ausgelöscht. Aus spiritueller Sicht hat es sich damals in eine Richtung entwickelt, in der es für das Leben und seine Entwicklung wenig förderlich war. Das Leben hier auf der Erde richtete sich zu sehr auf die Materie aus. Das ist leichter zu verstehen, wenn die Möglichkeiten des Lebens berücksichtigt werden. Gefühle wie Zuneigung oder Liebe waren nur untergeordnet oder in den Körpern von Dinosauriern, so groß wie sie auch waren, nicht lebensfähig.

Wenn Dinosaurier sich weiterentwickelt hätten, wieso konnten sie dann die Fähigkeiten von Menschen in der Materie nicht zum Ausdruck bringen? Ihnen fehlte die Fähigkeit, Liebe so zum Ausdruck zu bringen, dass sie über die Erhaltung der Art hinaus ging. Entwickelt war hauptsächlich die Fähigkeit zu Selbsterhaltung. Entsprechen brutal waren sie.

Um diese Ausführungen auf ihren Wahrheitsgehalt zu prüfen, betrachte man die Entwicklung der Nachkommen von Dinosauriern.

Die Nachkommen der Dinosaurier sind Vögel und Reptilien. Sie sind eine Bereicherung des heutigen Lebens. Die Fähigkeit, Liebe und Zuneigung so zum Ausdruck zu bringen, dass sich Leben weiter entwickeln konnte, diese Fähigkeit hatten andere, vor 250 bis 66 Mio. Jahren noch nicht weit entwickelte Spezies. Diese Fähigkeit geht über die Brutpflege weit hinaus.

Was können wir aus solchen Geschichten lernen? Für unseren Geist spielt Raum und Zeit keine Rolle. In ruhigen Minuten oder bei Meditationen kommt unser Denken zur Ruhe, aber unsere Wahrnehmung arbeitet weiter. Wenn unser Bewusstsein aufpasst, können solche Wahrnehmungen in Verbindung mit alten Erinnerungen aus unserem Unterbewusstsein (Seele) auftauchen und bewusst werden.

Am deutlichsten kann unsere Seele durch Krankheiten werden. Das zu lesen ist für uns unangenehm, aber oft genug die einzige Möglichkeit für unsere Seele, unsere Aufmerksamkeit für die Gesundung zu erlangen. Sie versucht nur, uns auf diesem Weg weiterzubringen. Das ist nicht immer so, oft genug ist unser Körper krank.

# Wie ist der menschliche Körper aufgebaut?

Eine mögliche Erklärung - kein Postulat. Es ist der Versuch, eine Gegebenheit richtigzustellen. Unser Irrtum ist, dass wir meinen, vom Gehirn aus werden alle unsere Funktionen gesteuert. Das Gehirn ist der organische Empfänger und Übersetzer der Botschaften unseres Geistes an unseren Körper.

Dass wir laufen können, bringen wir als Wissen schon mit. Dieses Wissen ist nur nicht bewusst. Aber es kommt uns bekannt vor. Und da unsere Eltern und die Familie es auch tun, versuchen wir durch Nachahmung das Gleiche. So geht es mit allen unseren Fähigkeiten.

Als geistige Wesen ohne jegliche Erinnerung an unser tatsächliches Sein versuchen wir, mit unserem Körper zurechtzukommen. Das fängt schon mit Bewegungen im Mutterleib an. Wenn wir dann geboren sind, merken wir sehr bald, dass wir uns Abläufe vorstellen können, unser Körper aber nicht.

Als Folge fuchteln wir, greifen daneben und können unseren Gleichgewichtssinn noch nicht koordinieren. Der setzt sich aus unterschiedlichen Wahrnehmungen zusammen. Die Kunst ist, diese Wahrnehmungen so zu koordinieren, dass wir und unser Körper wissen, welche Lage er im Raum hat. Das Schwierige dabei ist Dunkelheit. Wenn uns sehen fehlt, weil es dunkel ist, müssen wir uns auf unser Empfinden der Schwerkraft verlassen. Nur dann wissen wir, welche Lage unser Körper im Raum hat. Jedes Körperglied hat über das Knochenmark eine eigene Sensorik. Diese ist wichtig, damit ein Arm weiß, ob er gerade oder gebogen ist und welche Lage er hat. So ist es auch mit unserem Rumpf, den Beinen und dem Kopf. Das hört sich ziemlich kompliziert an und ist es auch. Unser Körper braucht Jahre, um die Möglichkeiten seiner Bewegungen und Wahrnehmungen (Warm, kalt, Schwerkraft etc.) wie von uns gewünscht, ausführen zu können. Das vollbringen Kinder und es ist eine Höchstleistung.

Unser Körper nimmt also seine Umgebung wahr und kann sich in ihr bewegen. Das ist in der Materie schon etwas Besonderes. Damit kann er nur etwas anfangen, wenn er ein Betriebssystem, also uns erhält. Wie das funktioniert, ist noch ein Geheimnis. Weil wir die Mechanik nicht verstehen würden. Dazu brauchen wir noch Zeit und Beobachtung. So viel sei verraten, es benötigt dazu unsere Seele. Sie stellt die Verbindung zwischen uns und unserem Körper her. Wir hören dann über unsere körperlichen Ohren, von dort gehen die Signale zu unserem Gehirn und von dort zu unserem Geist.

Das ist bei schnellen Abläufen, wie bei einer Jagt oder wenn wir ein Wettrennen laufen, sehr lang. Wir würden nur langsam reagieren. Deshalb übernimmt die Funktion von Wahrnehmen über unsere körperlichen Sinne und der nötigen Reaktion des Körpers das Rückenmark. Bis unser Körper die Abläufe richtig beherrscht, muss es von uns trainiert werden. Der Leser mag ruhig erstaunt sein. Nach einiger Betrachtung und Nachdenken kann man zum Schluss kommen, dass daran etwas stimmen könnte.

Ein Beispiel: Eine Gabel fällt von einem Tisch herunter. Wir versuchen gleichzeitig zwei Dinge ...

1. Wir versuchen, die fallende Gabel aufzufangen und auf den Tisch zurück zu bugsieren.

2. Gleichzeitig rücken wir mit unserem Fuß zu Seite, damit ihn die Gabel nicht verletzten kann, falls sie doch auf den Boden fällt.

Für so eine schnelle Reaktion wäre unser Gehirn zu langsam. Bis wir verstanden hätten, um was es geht und die nötigen Bewegungen des Körpers eingeleitet hätten, wäre die Gabel schon gelandet.

Das heißt, wir trainieren unseren Körper so lange, bis er laufen gelernt hat - oder richtig hören kann - oder schwimmt - oder das Gleichgewicht beim Fahrradfahren hält. Unser Gehirn ist das Empfangsorgan des Körpers für unseren Geist und es gibt unsere Signale an das Knochenmark und damit an unseren Körper weiter.

Wenn alles so klappt, wie es angelegt ist, kann ein Körper am Ende seiner Ausbildung Fahrrad fahren, oder Handball spielen, oder ein Zimmer bemalen und ganz viel mehr. Das Zusammenspiel mit dem Gehirn, also unserem Willen, geschieht so reibungslos, dass wir es nicht merken. Wir signalisieren unserem Körper, dass wir jetzt tauchen. Er taucht dann ganz von allein. Wir überwachen nur und geben das Kommando, aufzutauchen und Luft zu holen.

# Entwicklung des Körpers von Menschen
## - eine Beschreibung aus spiritueller Sicht

Aus spiritueller Sicht ist es wichtig, Liebe kennenzulernen. Da wir in der Materie sind und das Leben hier nur mit Zweigeschlechtlichkeit funktioniert, ist es ein guter Anfang, Liebe über den Körper zu erfahren. Ist der inhaltliche und zeitliche Ablauf nicht genial?

Ein Mann und eine Frau lernen sich kennen und so lieben, dass sie auch Nähe zulassen können. 9 Monate später entsteht aus dieser Liebe ein neues Leben. Kann richtiges handeln besser belohnt werden? Die Erhaltung der Art in Verbindung mit Liebe? Die Gründung und den Erhalt einer Familie bedeutet viel Verantwortung und Arbeit. Sie bringt auch sehr viel Freude. Wenn wir den Erhalt des Lebens von dieser Seite betrachten, ist diese Form von Schulung sehr gekonnt. Nur welche Art in der Lage ist, körperliche Zuneigung so zuzulassen, dass sich eine Form von Liebe entfalten kann, kann die eigene Art erhalten.

Gehen wir sehr lange in der Geschichte zurück. Eine Familie in der Steinzeit. Das Leben war sicher nicht leicht, aber es war authentisch. Die Menschen waren der Natur nie mehr so nahe wie damals.

Dass sich daraus dann eine eigene Entwicklung ergeben hat, gehört mit zur Entwicklung von Menschen. Eine wichtige Konfrontation war die mit der Natur. Mit der Entwicklung zu sich selbst war die Menschheit mit eigenen Eigenschaften konfrontiert. Die Entdeckung dieser Eigenschaften und die Konfrontation mit ihnen ist eine Herausforderung bis hin in die Neuzeit. Nehmen wir nur als Beispiel Krieg. Krieg ist eine Erfindung von Menschen und kommt in dieser Form nicht in der Natur vor. Das Ende dieser Entwicklung scheint angezeigt. Während Gier, Macht und Geld während vieler Jahrtausende dominierten, ermöglicht die Technik der letzten 100 Jahre einen Quantensprung unserer Entwicklung.

Aus unseren Eigenschaften Gier (nicht genug bekommen), Macht (Sicherheitsbedürfnis) und Geld (Tauschmittel für „haben wollen") formt sich etwas Neues, mit dem niemand gerechnet hat. Es beeinflusst unser aller Leben. Es ermöglicht eine Kombination von Eigenschaften, wie sie bisher nicht möglich war.

Deshalb wird die Entwicklung im Folgenden einer genaueren Betrachtung und Analyse unterzogen.

# Gier + Macht + Geld = Teuerung

Wir kennen Teuerung. Wenn etwas außer Kontrolle ist (Gier) und etwas keine Grenzen einhält (Macht), und wenn ein idealer Wert nicht mit dem realen Wert übereinstimmt (Geld), dann ist Teuerung im Spiel. Ob und wie wir die feinen Übergänge dazwischen bewerten und Reaktionen ableiten, ist ein Produkt der Erfahrung mit dem Leben zulassen oder nicht.

Wenn diese Komponenten im Spiel sind, d. h. wenn sie Einfluss auf unser Leben nehmen, ist auch Manipulation nicht weit. Unser Ego findet für diese Form der Materie Begriffe wie Zinsen oder Geldmenge. Nur wird die eigentliche Ursache von Teuerung mit diesen Begriffen nicht erklärt. Wie entsteht Teuerung aus geistiger Sicht? Dazu eine Grafik:

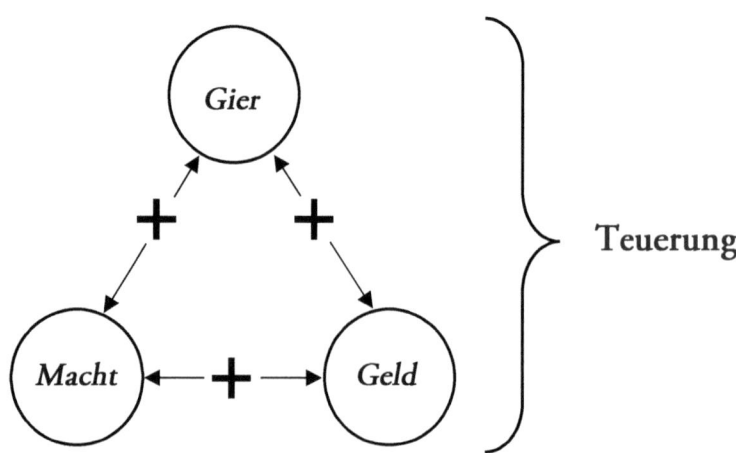

Die drei Begriffe Gier, Macht und Geld bestehen aus einer Kombination von Fähigkeiten unterschiedlichen Ursprungs. Was an der Kombination so interessant für uns Menschen ist: Sie entfaltet ihre Wirkung erst in dieser Zusammenstellung. Die technische Voraussetzung liefern Computer. Als einzelne Bestandteile fallen sie uns nicht auf. Wir ärgern uns vielleicht manchmal über das eine oder das andere. Wir halten ihr vorkommen in unseren Leben für so normal, dass uns auch deren Kombination nicht auffällt.

Was für uns Menschen gefährlich sein kann, ist nicht nur die Kombination von Gier, Macht und Geld. Es ist die Verstärkung, die deren Zusammenwirken bewirkt. Sie verstärken sich gegenseitig. Schauen wir auf die Geschehen in dieser Welt. Wenn wir die drei Eigenschaften genauer betrachten, finden wir sie immer. Menschen, die den drei Bestandteilen unterliegen, berücksichtigen z. B. keine Grenzen. Grenzen des Lebens können nur mit Gewalt überschritten werden. Sie rechtzeitig wahrzunehmen, ist eigentlich eine unserer Fähigkeiten.

Gemeint sind an dieser Stelle die Grenzen, die jeder hat. Werden diese Grenzen überschritten, wechselt der Zustand. Beispielsweise stirbt man, wenn auf einen geschossen wird. Grenzen werden überschritten, wenn man sich keine Genehmigung dafür einholt. Als Grenzen sind Ländergrenzen und auch die Grenzen alles Lebenden gemeint. Macht ist eine Komponente. Wenn wir zur Macht noch die Gier nehmen, kann Unersättlichkeit ihren Lauf nehmen. Sobald wir diesen beiden Merkmalen verfallen sind, wollen wir immer mehr. Ein sehr bequemer Verbündeter für das Zusammenwirken von Macht und Gier ist Geld. Es schreit nicht „aua", es wehrt sich nicht und es ist zudem rein rechnerisch unbegrenzt. Falls es Begrenzungen gibt, können diese meistens leicht umgangen werden. Die folgenden Beschreibungen dienen der besseren Erklärung:

**Gier:**
(Eigenschaft der menschlichen Natur = Instinkt)
Nehmen wir als einfaches Beispiel die Natur, nehmen wir Raubtiere, z. B. eine Löwenfamilie. Hier haben wir alle Zutaten, die unser Leben ausmachen. Wir haben soziale Kompetenz, wenn es um den Erhalt der Familie geht. Wenn der Hunger quält, sind nicht nur Großkatzen bereit, auf Jagd zu gehen. Das Risiko, verletzt zu werden, ist nicht so stark wie der eigene Hunger und der Hunger der Familie. Um es unbequem auszudrücken: Die Gier nach Futter wird so groß, dass Löwen bereit sind, andere Tiere zu töten, um zu fressen. Sie werden in dieser Zeit nicht mehr vom Normalzustand, der sozialen Kompetenz gesteuert, sondern von der Gier zu fressen.

Töten ist eine Notwendigkeit, um zum Fressen zu gelangen. Dabei hilft die Gier. Sie ist keine Eigenschaft in und aus der Spiritualität. Sie ist eine Eigenschaft der Materie. Fressen, um leben zu können. Wir mögen diese Eigenschaft verurteilen. Doch sie schadet dem Leben nur, wenn sie grenzenlos wird. Raubtiere hören auf zu fressen, wenn sie satt sind. Wir hören auf, Geld zu sammeln, wenn .... der Leser mag seine eigene Beobachtung zur nicht beherrschten Gier finden.

**Macht:**
(entspringt dem Wunsch nach Sicherheit = Bedürfnis)
In der Vergangenheit haben wir gute Beispiele. Es gab nicht nur Pharaonen, es gab auch Imperatoren, Kaiser und Könige. Wir

können die Geschichte leicht nachvollziehen, weil es gut dokumentierte Beispiele sind. Wir könnten auch weiter ins Detail gehen, z. B. in die Steinzeit und Stammesfürsten heranziehen. Nur gibt es über sie zu wenig Dokumentation. Die Vorhandene in unserer eigenen Geschichte reicht jedoch aus, um als Beispiel zu dienen.

**Geld:**
(entspringt unserem Verstand = Fähigkeit)
Geld als Tauschmittel ist eine menschliche Erfindung. Die zusätzlichen Funktionen der Geldwirtschaft sollten uns nicht über die eigentliche Funktion von Geld täuschen. Von seinem Wesen her ist es „nur" ein Tauschmittel.

Wirklich interessant für uns Menschen wird es, wenn wir diese drei Begriffe miteinander kombinieren. Dann entwickeln sie eine eigene Dynamik, die uns nur schwer bewusst wird. Wenn wir die drei Merkmale Geld, Macht und Gier in einen Topf werfen, entsteht etwas Neues. Ihre Kombination macht es erforderlich, einen geeigneten Namen dafür zu finden. Dadurch besteht die Möglichkeit, das Vorhandensein leichter zu erkennen und zu erklären. Es ist wie bei der Dunklen Materie, wir können sie nicht erkennen, aber wir können die von ihr ausgehende Gravitation feststellen.

Durch ihre gegenseitige Abhängigkeit und die Wirkung, die sie entfalten, entsteht etwas, mit dem wir fast alles tun können - außer die Gesetzmäßigkeiten der Materie zu durchbrechen. Es entsteht Teuerung.

# Kapitel II

## Mensch in der Zukunft -
## unter der Berücksichtigung seiner Vergangenheit

# Zum Verständnis ein Exkurs: Vorbild Schweiz

Es gibt auf der Erde viele Regierungs- und Wirtschaftsformen. Die Frage ist, wie man die unterschiedlichen Interessen der Menschen unter einen „Hut" bringen kann. Wenn es einen gemeinsamen Hut gäbe, wäre dieser dann überhaupt sinnvoll? Es ist doch schön, dass wir alle unterschiedlich sind.

Gemeint sind an dieser Stelle alle Menschen und nicht nur diejenigen, welche das Privileg eines besonderen Status haben. Könige, Kaiser und Präsidenten sind Repräsentanten von Regierungs- und Wirtschaftsformen, in denen nur wenige die Richtung der Handlungen vorgeben. Das ist nicht nur veraltet, das ist auch nicht menschengerecht, weil ganz wenige ganz viele vertreten. Eine Entscheidung ist dann gerecht, wenn sie von den Betroffenen herbeigeführt wird. Wenn also jeder an seiner Regierung und der Wirtschaft beteiligt wäre ... ? Dieser Streit hat in diesem Buch keinen Platz. Die Anregung ist lediglich ein Diskussionsbeitrag.

Ein besonderer Status aufgrund von besonderen Leistungen wäre noch gerecht. Aber keinesfalls sollte nur ein Mensch Eigentümer von großen Vermögen oder großen Landflächen sein und viel mehr zu bestimmen haben, wie alle anderen. Es gibt ein Land, in dem die Vorteile einer gerechten Verteilung von Macht, nicht von Eigentum, weitestgehend realisiert sind. Es ist nicht England, wo Besitzende immer noch das Volk verführen (Brexit). Es ist auch nicht die USA, wo Kapital immer noch die

Politik vorgibt. Es ist auch nicht China, wo die Macht auf ganz wenige konzentriert ist.

Das Vorbild ist die Schweiz. Die Schweiz ist das fortschrittlichste Land in Bezug auf Demokratie. Sie hat die direkte Demokratie durch Volksentscheide. Sie hat die Gleichberechtigung und neben vielen anderen Errungenschaften auch eine Bürgerversicherung. Die sieben Regierungsmitglieder sind Gleiche unter Gleichen. Es gibt keinen Vorsitzenden mit Richtlinienkompetenz oder Weisungsbefugnis wie in anderen Regierungen. Wenn man bedenkt, dass Macht für unsere Seele, jedoch nicht zwingend für unser Ego, eine Last ist, sie uns leicht korrumpiert und kein Mensch vollkommen ist, ist die Schweizer Demokratie zusammen mit ihrer Neutralität im Weltvergleich vorbildlich.

Wir leben in der Dualität. Es gibt immer einen Ausgleich zwischen den Polen. So auch in der Schweiz. Ohne dass es viele Schweizer bemerken, wurde ihre Neutralität zum Vorteil für Kapital ausgenutzt. Hier kann sich Kapital versammeln, ohne das wirksame Einschränkungen z. B. der EU hinderlich sind. Eine Abhilfe, um Kapital besser zu kontrollieren, wäre, wenn Kapitalgesellschaften jeweils zur Hälfte dem Kapital und zur anderen Hälfte dem Staat, also dem Volk, gehörten.

Die Schweiz ist, was Kapital anbelangt, wie alle Staaten, veraltet. Man könnte auch etwas rührselig sagen, sie ist antik. Um eine Änderung der Einstellungen herbeizuführen, bedarf es großer Geschehnisse. Geschehnisse sind leider nur dann lehrreich, wenn sie schmerzhaft sind. Die Frage ist, lieber alles so weiterlaufen lassen, wie wir es gewohnt sind? Die Folge wäre, dass wir irgendwann den „Karren" an die Wand fahren. Oder alternativ könnten wir auch Veränderung herbeiführen, die die Beteiligung von wenigen an der Macht und an Geld auf viele Schultern verteilen. Eine unserer Erfahrungen ist es doch, dass wenige sehr viel zu sagen haben, aber alle die Ergebnisse tragen müssen. Besonders ist das dann der Fall, wenn die Ergebnisse so weitreichend sind, dass sie von Einzelnen gar nicht getragen werden können.

Die Schweiz könnte als Blaupause für Länder dienen, in denen eine oder wenige Personen Schicksalsentscheide fällen, die das ganze Volk betreffen. Wenn wir die Schweizer Demokratie als Maßstab nehmen, sind alle anderen Demokratien mehr oder weniger Scheindemokratien.

Nur dürfte auch in der Schweiz nicht Kapital von Gier beherrscht werden. Dann wäre die Schweiz nahezu perfekt.

# Ein Irrtum behindert uns

Wir Menschen meinen, alles besser zu können, selbst wie Gott. Wir meinen, in der Schöpfung die Größten zu sein. So benehmen wir uns auch. Tatsächlich sind wir gerade erst am Anfang unserer Entwicklung. Wir sind vom Baum ins Grasland gehüpft, haben jüngst gelernt, aufrecht zu gehen, können mittlerweile durch unsere Technik fliegen und haben es auch schon gelernt, ein Raumfahrzeug zum Mond zu senden. Für uns ist eine enorm lange Zeit vergangen, weil wir der Zeit unterliegen. Für die spirituelle Welt gilt diese Einschränkung nicht. Sie hat auch den Vergleich zu anderen Lebensformen. Man mag unsere Überzeugung, dass wir echt gut sind, als Stärke auslegen. Wir sind ja so schlau. Das mag für die Erde stimmen. Im „internationalen Vergleich" zwischen den Lebensformen im Universum weniger.

Wir sind nicht einmal in der Lage, uns selbst, geschweige denn den Planeten zu erhalten. Wir haben Gier und unsere Macht so wenig unter Kontrolle, dass diese beiden Eigenschaften unsere Leben dominieren. Klar machen kann man das gut an Beispielen. Diese sind unangenehm, tun vielleicht sogar weh, können aber der Anfang unseres Verständnisses für uns selbst sein.

Wir bekommen schon sehr früh als junge Menschen über TV, Handy, Computer oder Kino gezeigt, wie wir nach Meinung der Führungsschicht sein sollten. Diese „Schulung" dient nur dem Staatserhalt, egal wo wir zu Hause sind, im Westen oder im Osten. Mit Kirchen sind alle Glaubenshäuser gemeint. Die Kirchen sind leider auch veraltet. Sie sind darauf stolz, dass sie den

Glauben, egal ob christlich, moslemisch oder hinduistisch, unverfälscht weitergeben. Sie übergehen dabei die Gesetzmäßigkeit der Materie, dass sich in ihr alles verändert. Sie berücksichtigen dabei nicht, dass sich die Menschen enorm weiterentwickeln.

Die besten Lehrmeister, was Glauben anbelangt, sind unsere Seele und wir selbst. An dieser Stelle ausgenommen sind das Wissen der elterlichen Lehrer, Kindergärten und Schulen. Wir brauchen sie, um uns in dieser Realität zurechtzufinden. Mut zu sich selbst zu haben, für seine eigene Entwicklung mit der Seele als Partner/Partnerin oder Freund/Freundin zu sehen, ist ein ungewohnter Schritt. Wenn wir damit anfangen, Schuld nicht nur bei anderen zu suchen, sondern auch bei uns selbst, haben wir den ersten Schritt zu unserer eigenen Entwicklung getan. Dieser Schritt ist wichtig für uns. Weil wir uns dann nicht getrennt vom Leben sehen, sondern als Teil des Lebens wahrnehmen.

Das ist übrigens auch der Fehler, den wir machten, bevor wir auf der Erde in diesen Inkarnationen landeten. Wir suchten die Fehler immer bei anderen, nie bei uns selbst. Wir waren ja fehlerfrei. Das meinen wir nicht nur heute, das meinten wir schon viel früher. Und so suchten wir den Fehler bei Gott, wenn uns seine Entwicklungen nicht passten. Unter dem Motto: „Ich kann das besser". Wir alle haben so gedacht und so gehandelt. Das gehört zu unserer Entwicklung und ist kein Vorwurf. Allerdings hatten wir es etwas übertrieben. Deshalb der Sandkasten. Wir hatten die Fähigkeit zur Selbstkontrolle noch nicht entwickelt. Die entdecken wir noch und machen sie uns hoffentlich zu eigen.

Vor einer ähnlichen Entwicklung stehen wir jetzt wieder. Dieses Mal steht Gier und Macht in Verbindung mit Geld an. Für den Entwicklungsstand, den wir erreichen wollen, ist es notwendig, dass wir nicht dominieren, aber uns auch nicht dominieren lassen. Dazu gehört auch die Toleranz, sich selbst Fehler einzugestehen. Wir sind nicht fehlerfrei. Im Idealfall lernen wir sogar aus unseren Fehlern. Gleichberechtigung, auch und vor allem in uns und bei unseren Eigenschaften. Sie ist ein erstrebenswertes Ziel. Es soll verdeutlichen, dass uns Gier, Macht und Geld nicht beherrschen und schon gar nicht, ohne dass wir es bemerken.

Und jetzt kommen einige Beispiele. Sie sollen nicht verletzen, sie sollen lediglich zum besseren Verständnis beitragen.

Thema: Gier - z. B. jede Art von Sucht
(Übergewicht, Alkoholismus, Spielsucht etc.)

Thema: Macht - z. B. jede Art von Mord
(Krieg, Willen aufzwingen etc.)

Thema: Geld - z. B. jede Art von Bereicherung

Menschen sind soziale Wesen. Was wir anderen antun, dafür ziehen wir uns selbst irgendwann zur Rechenschaft. Das Göttliche ist nicht schuld daran, wenn es uns nicht gut geht oder wir unseren Willen nicht durchsetzen können. Es ist auch nicht schuld, wenn es uns gut geht, wenn wir gesund sind und viel Geld auf dem Konto haben. Das sind schon wir selbst. Es braucht manchmal viele Jahre oder neue Leben, um die Konsequenzen des eigenen Verhaltens zu ergründen. Wir machen diese Erfahrungen, um uns weiterzuentwickeln.

Die Erde ist nur ein Zwischenstadium unserer Entwicklung. Das mag sich für diejenigen, die an einen wirklichen Tod glauben, der über unseren Körper auch unseren Geist mit einschließt, wie ein Märchen anhören. Es ist aber so.

Unser Körper ist aus Materie. Materie unterliegt der Veränderung. So auch unser Körper. Er wird geboren, wächst heran, vollbringt seine Aufgaben, stirbt und löst sich früher oder später in seine Bestandteile auf. Unser Geist ist nicht aus Materie. Da beginnt unser Glaube. Solange wir hier in unserem Sandkasten leben, können wir uns benehmen, wie wir wollen. Wir können auch versuchen, ein Leben zu führen, das gottgefällig ist. Leicht ist das nicht, weil wir uns dazu selbst überwinden müssen - neben der Forderungen der Kirchen an uns.

Den Weg finden wir dann, wenn wir gelernt haben, auf unsere innere Stimme, auf unsere Seele zu hören. Zu ihr vorzudringen, hört sich einfach an. Nicht wundern, zwischen uns und unserer Seele liegen viele Versuchungen, die mitunter sehr verführerisch sind und uns in Folge in eine Sackgasse unserer Entwicklung führen können. Greifen wir auf unseren eigenen Erfahrungsschatz zurück und vor allem, hören wir auf unsere Seele. Falls wir die Seele nicht hören, machen wir den Weg zu ihr frei. Das ist im übertragenen Sinn einer Wohnungsräumung die Entrümpelung unseres Zugangs zu unserer Seele. Sie weiß sehr gut, was mit Glauben an die Schöpfung und Glauben an Gott gemeint ist.

# Historie

Es ist manchmal hilfreich, wenn wir die Geschichte und Entwicklungen betrachten. Dann kann es auch sinnvoll sein, von dem Betrachteten zu lernen. Nicht immer lag man in der Vergangenheit richtig, aber nicht immer lag man falsch. So ist auch die Betrachtung der Apokalypse mit den vier Reitern nicht unbedingt falsch. Wir können vielmehr die Symbole der vier Reiter in unsere heutige Zeit übertragen. So finden die vier Reiter ihre moderne Entsprechung.

Sie sind wie eine Zusammenfassung für die heute lebenden Menschen. Es scheint, als hätten wir zu unterschiedlichen Zeiten versucht, unsere Probleme mit unterschiedlichen Herangehensweisen zu lösen. Das zeigt sich in den Zeitaltern.

Die Probleme sind gleich geblieben. Mit einem Unterschied: Wir haben mehr Wissen um sie, wir sind nicht mehr ganz so unwissend, wie wir einmal waren. Im Gegenzug haben sich die Mittel der Verführung verfeinert. Früher hatte man vom Teufel und dem Bösen gesprochen. Das ist nichts anderes, als die eigene Schuld anderen in die Schuhe zu schieben. Notfalls half man sich mit dem Teufel. Die Verführung ist allgegenwärtig. Entscheiden, ob wir uns verführen lassen oder nicht, tun wir immer noch selbst. Wir werden vielleicht verführt, in einem einfachen Beispiel zu einem Eis. Aber wir sind diejenigen, die es essen.

Trotz unseres Fortschritts, trotz unserer technischen Entwicklung - hat sich im Grunde nichts geändert. Wir haben unsere

Probleme immer noch nicht gelöst. Es ist wie zur Pharaonenzeit. Die Menschen haben sich wenig geändert. Nur der technische Fortschritt ist weitergekommen. Wir schieben anderen die Schuld für Vergehen zu, die wir selbst begangen haben.

Dazu gibt es eine treffende Prophezeiung. Sie ist von Apostel Johannes (dem Täufer), also ungefähr 2.000 Jahre alt. In der Prophezeiung wird die Endzeit beschrieben. Aus dieser Prophezeiung wurden die apokalyptischen Reiter abgeleitet. Albrecht Dürer hatte vor über 500 Jahren versucht, das geschriebene Wort in einem Holzschnitt darzustellen.

Prophezeiung und Holzschnitt sind also schon sehr alt. Sie versuchen, das bildhafte Geschehen einer Prophezeiung so darzustellen, dass wir sie verstehen können. Mit etwas Fantasie und gutem Willen beim Leser gelingt das. Auch wenn viel Zeit vergangen ist, lässt sich der Inhalt vom Gesehenen auf unsere Realität übertragen. Dazu im Folgenden mehr.

# Apokalypse

Nach der kirchlichen Definition beschreibt die Apokalypse das Ende der Zeit. Wenn wir die Historie, also die zeitliche Entwicklung der Menschheit beachten, könnte die Apokalypse auch eine Zeit beschreiben, in der sich für Menschen eine grundlegende Änderung ergibt.

Der Auszug aus Ägypten mit Moses könnte so ein Punkt gewesen sein oder die Sintflut ein anderer. Das liegt nach unserer Zeitrechnung viele Jahrtausende zurück. Da wir das selbst nicht erlebt haben, können wir uns das Geschehen nur schwer vorstellen. Ein anderes Bild aus der Bibel sind die vier apokalyptischen Reiter aus der Prophezeiung von Apostel Johannes. Sie sind sein Sinnbild für die Wut Gottes. Doch greift Gott nicht in unseren Sandkasten ein. Wenn wir von der Wut Gottes sprechen, vermenschlichen wir ihn. Für das Geschehen auf der Erde und auch für das zukünftige Geschehen sind wir selbst verantwortlich, auch wenn wir gerne einen Schuldigen hätten.

Jede Zeit scheint ihre Apokalypse zu haben. Kennzeichen ist eine gesellschaftliche Veränderung, die auch viele Leben kostet. Die letzte große Veränderung hatten wir mit den beiden Weltkriegen. Die nächste Veränderung der Gesellschaften steht womöglich an. Ein Hinweis darauf ist das verrückt sein von vielen Menschen und ihren Gesellschaften. Verrücktheit in diesem Buch bitte lediglich als „aus ihrer Mitte gerückt" verstehen!

Dieses Verhalten wird Ergebnisse zur Folge haben, die in ihrer Tragweite noch offen sind. Wir können jedoch aufgrund der aktuellen Geschehnisse schon jetzt abschätzen, was uns droht.

Die vier Reiter sind sehr alte Symbole für Geschehnisse, die Menschen treffen können. Durch die Betrachtung der Tatsachen sehen und stellen wir uns der Gefahr, in der die Menschheit lebt. Die Prophezeiung von Apostel Johannes und der Holzschnitt von Albrecht Dürer helfen dabei. Sie zeigen sehr schön, wie man sich damals die Strafen Gottes vorstellte. Diese alten Informationen, die den damaligen Glauben verkörperten, lassen sich leicht in die heutige Zeit übertragen.

Die vier Reiter der Apokalypse (in der Historie auch als Endzeit beschrieben) sind Sinnbild der Gefahren, die der Menschheit heutzutage drohen:

1. die Pest mit dem Pfeil - für uns im heute sind das unheilbare Krankheiten, wie Virenerkrankungen oder Krebs.

2. der Krieg mit dem Schwert - ist aus unserer Geschichte nicht wegzudenken und findet immer statt.

3. die Teuerung mit der Waage - ist die Kombination aus Gier, Macht, Geld. Das ist aktuell und eventuell nur der Anfang.

4. der Tod auf dem dürren Pferd - an dieser Stelle bitte keine Spekulation. Dazu ist die Lage zu ernst. Wir werden die Realität erleben.

## Holzschnitt (1497-98) von Albrecht Dürer:

*(im Original-s/w, im Bild koloriert)*

| | |
|---|---|
| 1 | - die Pest |
| 2 | - der Krieg |
| 3 | - die Teuerung |
| 4 | - der Tod |

Wir gehen immer davon aus, dass wir von Gott bestraft werden. Dann würden wir wie Kinder die Strafe hinnehmen und bei nächster Gelegenheit wieder versuchen, die Grenzen unserer Erzieher auszuloten. Zumindest besteht die Möglichkeit. Wir würden Grenzen einhalten, nicht weil sie sinnvoll sind, sondern weil man es von uns so will. Und genau das ist das Gegenteil von freiem Willen. Eine Strafe wird nicht von den Instanzen ausgelöst, die uns weiterbilden wollen. Das machen wir schon selbst.

Wir entscheiden in unserer Realität selbst über unser Tun und sind auch selbst für die Ergebnisse verantwortlich. Wenn wir den Planeten und das Leben auf ihm ausbeuten und opfern, müssen wir mit den Konsequenzen klarkommen. Das Ergebnis, auf das wir zusteuern, wirkt sich auch auf die uns folgenden Generationen aus. Die Erde fängt sich an zu schütteln und wir begreifen nur ganz langsam, dass unser Leben hier nur mit ihr und nicht gegen sie stattfinden kann.

Den ersten Reiter, Sinnbild für die Pest, haben wir schon im Mittelalter in Europa kennengelernt.

Den zweiten Reiter, das Sinnbild für Krieg, haben wir in seiner vollen Auswirkung in den beiden Weltkriegen erfahren.

Den dritten Reiter erfahren wir jetzt. Sinnbild für ihn ist die Teuerung, die die ganze Erde betrifft. Wir erleben den Beginn einer Entwicklung, die wir nicht wollen. Weil die Teuerung durch Gier, Machthunger und grenzenlos wachsendem Geld „befeuert" wird, könnte es der Anfang vom Ende sein. Auch weil wir mit allen Mitteln versuchen, etwas aufrechtzuerhalten, das nicht mehr aufrechtzuerhalten ist. Es ist unsere Art, dem Leben und der Natur zu begegnen, ohne Respekt. Wir gehen in unserer Gesamtheit respektlos mit der Erde um. Das Leben auf der Erde und die Erde selbst haben ihre Grenzen, ob wir das wahrhaben wollen oder nicht.

Betrachten wir den Reiter mit der Waage (3) etwas genauer.

Eine Waage ist ein gutes Bild, um Ungleichgewicht zum Ausdruck zu bringen. Etwas befindet sich nicht mehr im Gleichgewicht. Wir nehmen für die Erklärung in der heutigen Zeit anstelle des Begriffes Waage den Begriff Teuerung. Teuerung kann in unserer Zeit angewendet werden, weil wir verstehen, was gemeint ist. Das gerechte Maß fehlt und damit geraten die Dinge außer Kontrolle. Hunger ist nur eine der Begleiterscheinungen. Es fällt wenig auf, dass die Rahmenbedingungen ähnlich wie zu Zeiten der Hyperinflation 1923 in Deutschland oder der Weltwirtschaftskrise 1929 sind. Wir sind in den vergangenen 100 Jahren mit unserer technischen Entwicklung weitergekommen. Unsere Verführbarkeit im Äußeren ist jedoch gleich geblieben. Wir halten Geld, Gold und Macht für wichtig - wie schon immer, auch wenn unser Verlangen weit über unseren wirklichen Bedarf hinaus geht.

Uns fällt nicht auf, dass wir Geschehnisse für normal halten, die eigentlich für uns oder das Leben schädlich sind. Die äußeren Bedingungen sind so selbstverständlich, dass sie uns kaum zu einer Reaktion veranlassen. Wir haben uns an das Unrecht gewöhnt.

Klarer ausgedrückt und an Beispielen verdeutlicht heißt das: Um Gewinn zu machen, ist uns jedes Mittel Recht. Das Unrecht sollte nur nicht auffallen. Wir machen uns nicht einmal mehr Gedanken, wenn eine Großbank erst kriminell wird und dann aufgegeben werden muss, aber ihre Vorstände im Gegenzug üppige Tantiemen eingezogen haben.

Um Krieg zu führen, ist auch jedes Mittel Recht. Man liefert Argumente für das Verständnis für den Krieg und hofft, dass die Welt den Krieg für gut empfindet. Während Menschen hungern und andere für ein Eis mit einem Jet Kontinente wechseln, verhalten wir uns ruhig, weil wir das für normal halten.

Eigentum halten wir, warum auch immer, für ganz wichtig, auch wenn wir keines haben.

Wenn wir so weit sind, dass wir selbst Viren herstellen können, die uns im Gegenzug auch noch umbringen - wenn wir so weit sind, dass praktisch jeder Staat Atombomben besitzen kann - sind wir nicht mehr weit entfernt von einer grundlegenden Umwälzung/Änderung. Dann bräuchte es nur noch Naturgewalten wie Trockenheit oder zu viel Regen, ein paar Vulkane, Erdbeben oder Meteore und jeder kann sich das Ergebnis selbst ausmalen.

Das ist die Überleitung zum 4. Reiter.

Wenn wir es dem Leben in unserem Sandkasten immer schwerer machen, haben wir die Voraussetzungen erreicht, um auch den 4. Reiter sein Werk tun zu lassen. Teuerung ist der Weg dahin, weil nicht nur Wasser teurer wird, sondern das Leben insgesamt.

Bleiben wir zum leichteren Verständnis in der kapitalistischen Gedankenwelt. Hier wird alles durch seinen Preis geregelt. Was diejenigen, die das Geschehen steuern, nicht bedenken, dass der Preis, den Leben zahlen kann, zu hoch wird.

Das Zusammenwirken, die Bündelung der Kräfte von Gier, Macht und Geld bewirken, dass Grenzen nicht wahrgenommen werden. Vom Salatkopf bis hin zur Staatsgrenze - alles hat Grenzen, ab denen nicht mehr existiert werden kann. Wer von Teuerung beherrscht wird, dem fehlt das Gefühl für natürliche Grenzen.

# Zukunft

Unsere Zukunft ist nicht festgeschrieben. Wir haben Einflussmöglichkeit. So hatte immer auch die Möglichkeit eines dritten Weltkrieges im Raum gestanden. Dass es ihn nicht gegeben hat, hat mehrere Ursachen. Eine ist, der Schaden, der entstünde, wäre nicht wiedergutzumachen. Die atomare Gefahr scheint gebannt, auch weil sich die Völker und hierbei wichtig, die Mächtigen, ihr nicht entziehen könnten. Wenn wir uns technisch weiterentwickeln, könnten wir das Folgende schaffen:

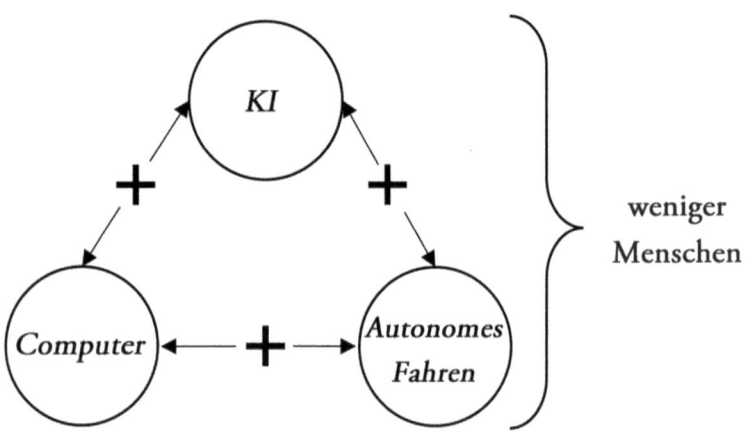

Das Prinzip ist das gleiche wie bei der Verbindung von Gier + Macht + Geld = Teuerung. Der Unterschied ist, dass diese drei Komponenten noch nicht einsatzbereit sind. Es ist jedoch abzusehen, dass die KI und Autonomes fahren in nicht allzu ferner Zukunft zum Einsatz kommen und nicht nur getestet werden. Computer sind schon jetzt einsatzbereit. Wer hätte vor 100 Jahren gedacht, dass im Jahr 2020 kleine Roboter saugend durch die Wohnung sausen? Wer wird sich in 100 Jahren um den Lkw kümmern, der die Milch vom Bauern abholt und dabei vollkommen autonom ist?

Das liest sich doch ganz nett. Wir leben jedoch in der Dualität. Alles hat seine Kehrseite. Schauen wir uns die etwas genauer an. Es wird kein Fahrer mehr für den Milchwagen benötigt. Der Strom kommt von Windrädern und Solarzellen. Man braucht also auch keine Erdölförderung mehr, geschweige denn Raffinerien.

Ein interessanter Gedanke. Spinnen wir diesen Faden weiter. Eine Menge einfacher Tätigkeiten entfallen, weil sie von Robotern ausgeführt werden können. Jetzt kommt ein gedanklicher Sprung. Viele Tätigkeiten benötigen keine Menschen mehr. Man könnte in Zukunft auf sie verzichten, weil Maschinen die (Drecks)-Arbeiten übernehmen. Nach einer Studie von Goldman Sachs spricht man von bis zu 300 Mio. Arbeitsplätzen.

Statt 8 Mrd. bräuchte man nur noch 4 bis 6 Mrd. Menschen. Kriege können das nicht bewerkstelligen. Aber vielleicht zusätzlich eine Pandemie in Verbindung mit Kriegen, Verteilungskämpfe, Hunger wegen Dürren usw.

Sicher ist auch das eine Möglichkeit in der Zukunft. Die Menschheit hat eine Alternative. Sie kann immer noch ihren Sandkasten verlassen. Kommen wir also zur Heilung und danach zum Glauben.

# Kapitel III
## Heilung

## Was passiert, wenn Medizin und geistige Heilung zusammenarbeiten?

MEDIZIN + GEISTIGE HEILUNG =
UNGEAHNTE MÖGLICHKEITEN

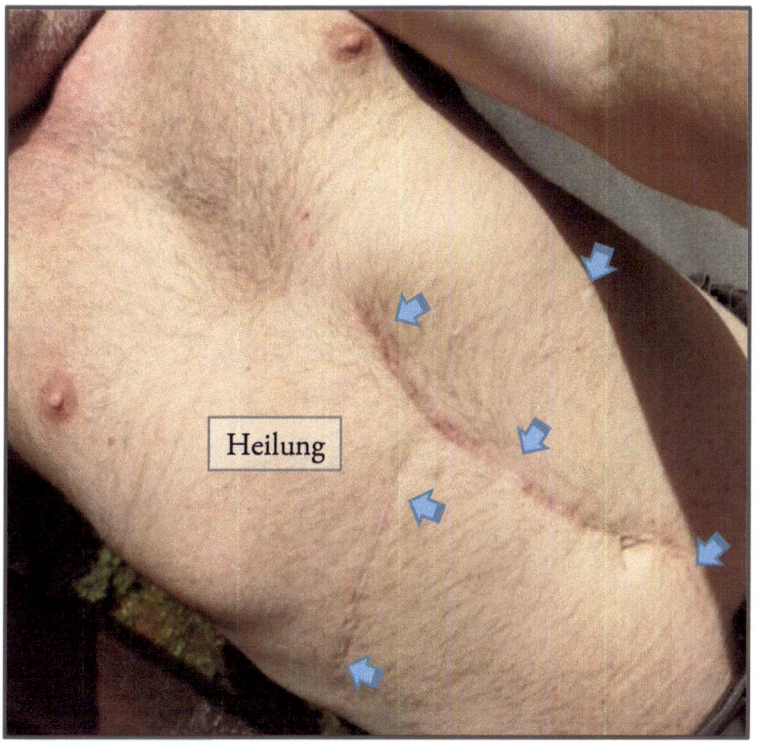

Ein reales Beispiel:

Sepsis, Aorta Ruptur, 5 + 20 min. Herzstillstand, Reanimation, Organversagen, 5 Gallenkoliken, Gallenblase entfernt, Dekubitus und Atherom - 14 OP, über 25 Narben.

Wenn Medizin und geistige Heilung zusammenarbeiten, sind solche Ergebnisse möglich. Nicht jede Krankheit ist heilbar, auch nicht aus spiritueller Sicht. Manchmal ist die Krankheitserfahrung ein Lebenszweck. Das soll heißen, dass nicht jede Krankheit geheilt werden kann, weil sie unsere Erfahrung erweitern soll.

Wir sind auf der Erde, um Erfahrungen zu sammeln.

Zum besseren Verständnis werden an dieser Stelle einige Unterschiede zum geistigen Leben genannt. Wir können als geistige Wesen nicht jede Erfahrung machen, die wir machen müssen, um den Wert der Schöpfung achten zu lernen. Als geistiges Wesen tötet man nicht, man will und kann es auch nicht. Man führt auch keine Kriege, es wäre sinnlos. Gier kennt man nicht, man hat seine Bedürfnisse unter Kontrolle, sie kontrollieren nicht. Man pflanzt sich auch nicht fort, d. h., die Trennung in männlich/weiblich gibt es nicht. Man kann seine Eigenarten leben, so wie man ist, wie Gott uns geschaffen hat. Wir müssen nicht in irgendeine Rolle spielen.

Vieles, mit dem wir uns auf der Erde beschäftigen, brauchen und haben wir als geistige Wesen nicht. Es ist für uns hilfreich, wenn wir wissen, wovon wir reden. Übergewicht ist beispielsweise in unseren Gesellschaften ein Thema. Zum einen bekommen wir viel Unsinn von der Lebensmittelindustrie angeboten. Vieles davon ist für unseren Körper und für uns selbst auf Dauer schädlich. Die Angebote werden durch unsere eigene Gier verstärkt und führen dann leicht zu einer Kaufentscheidung.

Hätten wir unsere Gier unter Kontrolle, bräuchten wir uns viel weniger Gedanken um unsere eigentlichen Bedürfnisse zu machen. Das betrifft alle Lebensbereiche und schließt uns selbst mit ein.

Die Erde und mit ihr die Materie, wenn wir denn die Gesetze Gottes als Leitbild nähmen, wäre ein Ort, an dem wir Erfahrungen sammeln könnten, die wir in der geistigen Welt nicht machen können. In unserer Entwicklung sind wir dabei, nicht nur die Bedingungen der Materie zu erfahren. Wir sind auch dabei, unsere geistigen Sinne zu entdecken. Wir haben einen Verstand. Mit ihm können wir unsere Umgebung nicht nur wahrnehmen, sondern sie auch verstehen. „Warum ist etwas so, wie es ist?" Das ist ein großes Geschenk der Schöpfung an uns. Wir sind dabei, die Welt und damit auch uns selbst zu begreifen.

Ein Aspekt ist, dass wir lernen, nicht nur in der Materie. Unser Körper ist materiell. Er besteht aus Materie. Seine Entwicklung in den vielen Jahrmillionen wurde durch die Reize an ihn beeinflusst. Für diese Reize, wie Licht, Schall, Wärme, Kälte, Druck etc. hat er Sensoren wie Augen und Ohren entwickelt. Damit sichert er sein Überleben in einer Umgebung, die aus einer Vielzahl solcher Reize besteht.

Was für uns neu und daher ungewohnt ist: Wir haben nicht nur die Reize bzw. Eindrücke aus der Materie. Wir haben auch die Reize bzw. Eindrücke aus der spirituellen Welt. Diese, nennen wir sie Signale, kann unser Körper nicht, aber wir können sie - empfangen. Weil es ungewohnt ist, aber jeder die Möglichkeit hat, wäre es für uns hilfreich, wenn wir unser Bewusstsein dafür empfänglich machen würden. Bis jetzt war es so, dass etwas, das wir körperlich nicht wahrnehmen können, für uns auch nicht existierte. Auf einmal können wir viel mehr, als uns in der Erziehung und in der Schule vermittelt wird.

Das ist zum einen unserer Entwicklung zu verdanken, zum anderen natürlich der geistigen Welt. Sie beobachtet uns und sieht unsere Entwicklung. Nehmen wir diese als Hilfe an.

Es ist ein Zeichen der Zeit, ein Zeichen unserer Entwicklung, dass wir nicht nur die Dunkle Materie im Kosmos anfangen, wahrzunehmen. Wir sind auch dabei, unserer Herkunft und unserem Sein näherzukommen, uns zu entdecken.

# Beispiel: Erinnerung an Dinosaurier II

Zu der Erinnerung an Dinosaurier kommt noch Heilung dazu. Eine so alte Erinnerung an ein Leben als Dinosaurier würde durch unsere Seele nicht in unserem Bewusstsein auftauchen, wenn wir im Hier und Jetzt nicht Heilung bewirken könnten. Zur Erinnerung - Zeit und Raum spielen bei der geistigen Heilung keine Rolle. Über dieses Stöckchen, das Zeit und Raum bei der geistigen Heilung keine Rolle spielt, müssen wir schon springen. Eine Verletzung, auch die eines Sauriers, kann unsere Seele in ihrer Erinnerung bewahren. Sie gibt die Erinnerung an ein Geschehen frei, wenn wir dadurch eine Erweiterung unseres Denkens erfahren und dadurch heilen können. Wenn wir bereit sind, auch so alte Verletzungen geistig wahrzunehmen und zu behandeln, können wir viele Krankheiten im heute zur Heilung bringen. Krankheiten, die vielleicht sogar den Tod zur Folge hätten.

Es liegt im Bereich unserer Möglichkeiten, indem wir eine unserer wichtigsten Fähigkeiten zum Ausdruck bringen, die der geistigen Heilung.

Es folgt der Versuch, etwas zu erklären, was wir nicht wahrnehmen und nicht beweisbar ist. Es gibt vieles, welches wir für völlig normal halten und deshalb nicht weiter beachten. Eines davon ist die Rendite eines Unternehmens. Sie sollte nach oben hin begrenzt sein. Ganz einfach, um die Gier nach mehr zu begrenzen. Das mag für manche eine einseitige Politik sein. Was ist für uns jedoch wichtiger, Gesundheit oder Rendite?

Die „Heil"-Medizin und die geistige Heilung sollten erst- und zweitrangig sein. Bei der Heilung kann die geistige Heilung die Medizin unterstützen, sie ersetzt sie nicht.

Mediziner sind Heiler. Sie gehen einen anderen Weg wie geistige Heiler. Beide können sich jedoch ergänzen. Die dritte Komponente ist die Technifizierung und Industrialisierung der Medizin. Sie bietet ganz klar Vorteile, weil die Industrie in der Lage ist, Technik nicht nur zu entwickeln, sondern auch weiterzuentwickeln.

Die Gefahr dabei sind Kapitalgeber, die eine hohe (zu hohe?) Rendite erwarten. Nicht nur in der Medizin sollte Gewinnstreben kontrolliert werden, weil Menschen davon betroffen und sogar abhängig sind. Das gilt für alle Lebensbereiche, aber besonders für den Gesundheitsbereich. Dieser ist für eine Darstellung des Ungleichgewichtes prädestiniert, weil alle Beteiligten den Erfolg, die Heilung von Kranken wollen. Die direkt am wenigsten an einer Genesung Beteiligten sind der oder die Kapitalgeber. Sie bestimmen jedoch über einen Krankheits- bzw. Genesungsverlauf durch ihre Forderung an die Höhe der Rendite mit.

Es sollten alle im Interesse aller ihre Karten auf den Tisch legen. Ein Kranker tut es, weil sein Versicherungsbeitrag bekannt ist. Ebenso das Personal, weil die Personalkosten auch bekannt sind. Das Gleiche gilt für die Gebäude und die Technik. Man könnte argumentieren, dass ein Kapitalgeber ja in der Bilanz veröffentlicht, welchen Gewinn er macht. Falsch! In einer Bilanz lassen sich Kosten unterbringen, die keine direkten Kosten sind. Eine Bilanz dient auch dazu, anderen Kapitalgebern die eigene Rendite mitzuteilen (Rendite = Gewinn x 100/Kapital). Sie ist daher im Rahmen der gesetzlichen Vorgaben geschönt.

Aktionäre oder Banken sind Kreditgeber. Wenn eine Rendite mit 30 % zu hoch ist, hat niemand einen Einwand, auch wenn sie noch höher wäre. Dagegen wird Personal kaum zu viel verdienen. Das ist eine grundlegende Diskrepanz. Wir gewichten, indem wir das Eine begrenzen und das Andere nicht. Die gegenseitige Abhängigkeit ist aber da.

Für das Leben, auch der Natur, sollte Geld eine Entlohnung sein, keine Bereicherung. Verurteilungen wie: Das ist Kommunismus oder das ist Kapitalismus, sind falsch. Wenn uns Sucht nach Rendite kontrolliert, verlieren wir die Kontrolle. Unsere Sucht hat dann die Kontrolle über uns. Teuerung kommt voll zur Wirkung, weil wir die natürlichen Grenzen anderer nicht mehr wahrnehmen. Wir wollen dann Rendite maximieren und sorgen uns nicht mehr um unsere jeweilige Unternehmung. In diesem Sinne dürften Systeme, gleich welcher Couleur sie sind und wofür wir sie brauchen, nutzen, aber nicht ausnutzen.

Wenn das Leben in unserer Anschauung zu kurz kommt, weil andere Interessen den Vorrang haben, seien sie politischer oder monetärer Natur, werden wir langfristig, wie die Dinosaurier auch, verlieren. Nur, weil wir unsere Süchte nicht kontrollieren können.

## Wir nehmen wahr und können es nicht beweisen

Beweise gibt es in der Mathematik und der Logik. Den wissenschaftlichen Beweis gibt es nicht, weil zu viele Einflüsse auf einen Versuch einwirken können. In der Wissenschaft wird lediglich versucht, etwas zu erklären. Man beweist etwas, indem die Nebenbedingungen eingeschränkt werden.

Für uns gilt, wir können etwas über unseren Körper wahrnehmen. Wir können über ihn nicht unsere geistigen Fähigkeiten beweisen. Wir können jedoch eine Hypothese aufstellen. Jeder nimmt die Schwerkraft wahr. Wir sind noch nicht in der Lage, sie zu beweisen, auch nicht ihre Bestandteile. Wir sind aber in der Lage, sie so zu beschreiben, dass sie verstanden wird und indem wir eine Hypothese aufstellen.

Unsere Wahrnehmung schränken wir auf die Möglichkeiten und Fähigkeiten unseres Körpers ein. Wir versuchen, den Beweis für Dinge zu finden, die wir in der Materie aufgrund der beschränkten Wahrnehmungsfähigkeit unseres Körpers nicht beweisen können. Wir können noch nicht einmal den Nachweis erbringen. Wir können aber deren Wirkungen feststellen.

Wir sollten die Wahrnehmungsfähigkeit unseres Geistes nicht unterschätzen. So langsam registrieren wir die vielen Ungereimtheiten in unserer Wahrnehmung. Die Sonne scheint, also ist es hell. Das ist ein einfacher Nachweis. Nun stellen wir eine kleine Hypothese auf. Morgen scheint wieder die Sonne, also ist es morgen wieder hell. Die Sonne können wir nicht greifen, aber wir sehen eine ihrer Wirkungen. Auf diese Weise können wir auch Gravitation nachweisen. Wir können Gravitation nicht beweisen, den Nachweis können wir aber führen. Wir spüren die Schwerkraft.

In diesen Beispielen haben wir etwas beschrieben, das wir nicht sehen, dessen Wirkung wir aber wahrnehmen. Gehen wir einen Schritt weiter. Beschreiben wir etwas, das wir nicht sehen und dessen Wirkung wir auch nicht wahrnehmen können. Wenn wir in das Weltall schauen, können wir über Effekte und Mathematik nachweisen, dass da etwas sein muss, das wir noch nicht kennen. Wir können eine Beschreibung versuchen, die durch unsere Erfahrung damit immer genauer wird. Die Rede ist von Dunkler Materie. Sie wurde 1932 erstmalig beschrieben. In den fast 100 Jahren danach ist diese Beschreibung viel genauer geworden.

Das ist richtig schwierig, weil wir eine Tatsache nur über unseren Verstand nachweisen können. Mit Dunkler Materie oder Gravitation sind unsere besten Wissenschaftler beschäftigt. Was wir lernen können, ist der Umstand, dass es offensichtlich Dinge gibt, die wir nicht wahrnehmen können. Wir können nur über ihre Wirkung nachweisen, dass es da etwas geben muss, das wir noch nicht kennen.

Kosmologen, also Wissenschaftler, die sich mit dem Weltall beschäftigen, scheinen Neuem gegenüber aufgeschlossener zu sein als Wissenschaftler, die sich „nur" mit der Medizin beschäftigen.

## Wir nehmen nicht alles wahr

Das ist so, weil wir unsere komplexe Wahrnehmung über unseren Körper auf der Erde benötigten. Wir kommen hier „nur" mit unseren körperlichen Sinnen aus. Die Spezies Mensch hat es im Laufe ihrer Entwicklung gelernt, sich auf den Körper zu verlassen und seine Sinne zu nutzen. Das Ergebnis lernt jeder Mensch mit seiner Geburt kennen. Es braucht danach Jahre der körperlichen Entwicklung und des ständigen Trainings, um die Fähigkeiten des Körpers bis an seine Leistungsgrenze kennenzulernen. Die Menschheit zeigt das durch ihre Existenz.

Jetzt kommt das „aber". Das Gleiche, mit anderen Worten ausgedrückt: Wir nutzen nur einen Teil unserer Fähigkeiten, indem wir nur einen Teil unserer Wahrnehmung nutzen. Wir nutzen die Wahrnehmung unseres Körpers, nicht die unseres Geistes. Solange wir noch in der Steinzeit lebten, benötigten wir die Wahrnehmung unseres Geistes nicht unbedingt. Ob man von einem Vogel beobachtet wird, interessierte einen Urmenschen wenig. Mit der körperlichen Wahrnehmung über unsere körperlichen Sinne hatten wir genug Informationen über unsere Umwelt. Als geistige Wesen lernen wir nur, mit unserem Körper richtig umzugehen. Das war zum Überleben in unserem Sandkasten, der Erde, notwendig und ausreichend.

Zum einen ist es die passive Wahrnehmung, wie sehen, hören, Berührungen, Kälte und Wärme, nass und trocken etc. Zum anderen lernten wir als Mensch mit der Zeit auch den aktiven

Umgang mit unserem Körper. Damit ist die Umsetzung der anfangs passiven Einflüsse in aktive Bewegungen gemeint.

Das ist von der Schöpfung her gut angelegt und für uns praktisch. Wir brauchen uns um die körperliche Entwicklung fast nicht zu kümmern. Das macht der Körper alleine. Wir lernen, uns in unserem Körper und unserer Umwelt zurechtzufinden. Dazu haben wir die Eltern, Familie, Freunde, Kindergarten und später dann die Schule.

Wir können uns dadurch um unsere Entwicklung kümmern. Was wir auf unserem Entwicklungsweg nicht lernen, weil das Wissen darum zu wenig bekannt ist, ist der Umgang mit unseren geistigen Fähigkeiten. Der Glaube und die Kirchen, egal welche, könnten uns dabei helfen, zu unseren geistigen Fähigkeiten zu finden. Doch sind alle Kirchen mehr mit ihrer Historie und dem überlieferten Wissen beschäftigt, anstatt den Glauben wahrzunehmen und zu kultivieren.

Menschen helfen, zu ihrem Glauben zu finden und dabei ihre geistigen Fähigkeiten zu entdecken. Das wäre doch für alle Kirchen (Moscheen und Tempel inbegriffen) eine schöne Erweiterung für die Zukunft.

Glaube ist, zu spüren und zu wissen, dass es noch etwas anderes gibt, auch wenn man es nicht sehen kann. Glauben und Gewissheit liegen in uns nicht weit voneinander entfernt.

# Eigene Energie - Energiefluss

Es mag für uns ungewohnt klingen. Durch unsere Entwicklung kommen wir unserem Sein immer näher. Auf der Erde haben wir nur unser Ego. Ein Bestandteil unseres Egos ist unser Verstand. Wir sind dabei, durch ihn die Welt immer besser zu verstehen. Wir sind wie Wanderer unterwegs und entdecken dabei die Schöpfung. Unser nächstes Etappenziel ist das Leben besser zu verstehen. Wir sind noch weit davon weg. Aber wir sind auf dem Weg dahin. Sobald wir das Leben richtig verstehen, nutzen wir es nicht mehr aus, weil wir es dann nicht mehr als selbstverständlich betrachten.

Es wird nicht ganz so einfach, wie sich das jetzt lesen mag. Um das Leben zu verstehen, müssen wir den Berg der Erkenntnis erklimmen. Ein Teil des Weges auf den Gipfel wird der Respekt vor dem Leben sein, ein anderer die Erkenntnis, dass die Menschheit nur ein kleiner Teil der Schöpfung ist. Das Wichtigste von allem ist, die Schöpfung mit dem Leben darin ist schützenswert. Die Fähigkeiten, die wir von unserem Schöpfer erhalten haben, können seine Schöpfung schützen. Das lernen und verinnerlichen wir leider erst durch Erfahrungen, die uns weh tun. Oft genug sind wir nur bereit, etwas zu akzeptieren, wenn uns die Zuwiderhandlung schmerzt.

Wie viel wir von Dingen verlieren, die wir noch als sehr wichtig betrachten, ist offen. Nur ein Beispiel: Schön sein wie ein Blumenbeet ist vielleicht nicht überlebenswichtig.

Wir können uns am leichtesten an diesen Gedanken gewöhnen, das Leben als schützenswert zu betrachten, wenn wir es nicht mehr ausnutzen. Nutzen ja, das können wir und das möchte auch das Leben von uns. Jeder, der schon die Nähe zu einem Haustier hatte, weiß das. Und jeder, der schon einmal in einem Stall mit lauter glücklichen und zufriedenen Tieren war, weiß das auch. Die Tiere sind geschützt, haben genug zu fressen, sind nicht alleine und sie haben die Nähe zu Menschen.

Die Überraschung für manchen ist, dass wir für die Aufgabe, das alles zusammenzuhalten, auch Hilfswerkzeuge mitbekommen haben. Eines davon ist unser Verstand. Ein anderes sind unsere heilenden Hände.

Wir können mit ihnen nicht nur heilen, wir können auch die Schöpfung besser verstehen. Nicht wundern, wir können diese Fähigkeiten erst voll entwickeln, wenn wir gelernt haben, mit dem Leben respektvoll umzugehen. Wir brauchen Zeit, um zu verstehen, dass wir direkt aus dem Gottesbewusstsein Energie channeln (kanalisieren) dürfen und es können. Wir können damit nicht nur heilen, wir können auch Gutes, also für das Leben förderliches bewirken.

Ein gutes Hilfsmittel ist das Wissen aus dem Buddhismus oder Hinduismus über Chakren und die Reiki-Lehre. Mit diesem Wissen können wir das Leben und uns selbst fördern. Dazu im Folgenden mehr.

# Chakras

Energiezentren des Körpers, die nicht von jedem gesehen oder wahrgenommen werden, die man aber aufgrund ihrer Wirkungen nachweisen kann.

Davon handelt die folgende Information. Im Fall der geistigen Heilung macht ständiges Üben den „Meister". Nicht nachlassen in geistigen Bemühungen. Die Ernsthaftigkeit desjenigen, der den Zugang zur geistigen Welt möchte, wird geprüft. Geschieht es aus Egoismus, oder ist die Triebfeder Liebe? Genauso wie ein Stabhochspringer auch Jahre üben muss, um vielleicht einmal die 5 m Hürde überspringen zu können, braucht man für die geistige Heilung auch viel Übung. Nicht nur, dass wir schon als Menschen Vermittler zur geistigen Welt sein dürfen, es wird auch erwartet, dass wir es können.

Das hängt mit unserem Körper zusammen. Als geistige Wesen könnten wir bei vielem sofort in Aktion treten, weil wir wissen, wie es geht. In der Materie brauchen wir Zeit und Mühe, um unseren Körper derart zu schulen, dass er etwas Bestimmtes kann, z. B. Stabhochspringen in der Materie oder geistige Heilung in der Spiritualität.

**Definition aus Wikipedia:**
Mit **Chakra** (Sanskrit, m., चक्र, cakra, [tʃʌkɽʌ], wörtlich: ‚Rad‘, ‚Diskus‘, ‚Kreis‘), Plural *Chakren*, werden im tantrischen Hinduismus, im tantrisch-buddhistischen Vajrayana, im Yoga sowie in einigen esoterischen Lehren die angenommenen subtilen

Energiezentren zwischen dem physischen Körper und dem feinstofflichen Körper (vgl. Astralleib) des Menschen bezeichnet. Diese seien durch Energiekanäle verbunden.

**Einfache Erklärung:**
Jeder Mensch hat die Fähigkeit zur Heilung und zur Selbstheilung. Wir können also nicht nur andere, sondern auch uns selbst heilen. Diese Fähigkeit brauchen wir, weil unser Körper ständigen Verletzungen ausgesetzt ist. Nicht jede Verletzung bemerken wir. Die meisten Heilungen macht unser Körper selbst.

Es gibt Verletzungen, die sachgerecht behandelt werden müssen. Es ist einfach und bequem geworden, dann zu einem Arzt zu gehen. Wenn Sie sich entscheiden, einen Arzt zu konsultieren, ist das bestimmt ein guter Weg. Wundern Sie sich selbst nicht, wenn Sie über eine Konsultation eines Arztes hinaus zusätzlich selbst tätig werden. Wir haben Heilkräfte. Diese bewusst und gezielt dann einzusetzen, wenn es Sinn macht und die Heilung unseres Körpers positiv beeinflusst, ist sicher für alle Beteiligten hilfreich.

Aus Indien kommt eine alte und sehr sinnvolle Lehre. Es ist die Chakren-Lehre, der Energiefluss des Körpers. In ihr wird gezeigt, wie die Energien im Körper fließen. Es gibt Menschen, die diese Energiezentren spüren können. Andere können Chakren sehen. An dieser Stelle wird gezeigt, wo die Zentren im Körper liegen und welche Zuordnung sie haben. Bitte sind Sie mit sich selbst tolerant. Es braucht einige Zeit und viel Übung, um Chakren bewusst wahrzunehmen. Was sofort funktioniert, ist der Umgang. Da wir unsere Heilkräfte haben, sie ein Bestandteil von uns sind, können wir sie einsetzen, wann immer sie benötigt werden.

Dr. Usui hat im Reiki System (Heilung durch Handauflegen) die alte Chakren-Lehre aus Indien mit Heilung kombiniert. Heilung geschieht in dieser Lehre durch Handauflegen auf die Chakren oder auf kranke Körperteile. Es gibt 7 Haupt-Chakren und eine Menge Neben-Chakren, durch die wir Lebensenergie empfangen können. Wenn wir Lebensenergie (=heilend) geben wollen, können wir dies über die Handchakren tun. Über diese beiden Chakren können wir Energie geben, keine empfangen. Davon in einem späteren Kapitel mehr.

Die sieben Chakren sind die Energiezentren des Menschen. Sich bei einer Behandlung nicht stören lassen. Wenn Sie ihre Heilungserfahrungen an sich selbst machen, lassen Sie sich nicht beeinflussen, vertrauen Sie Ihrer Wahrnehmung. Informationen von anderen Personen sind willkommen, vergessen Sie dabei nicht, auf Ihre eigene Wahrnehmung, auf Ihre eigenen Körpergefühle zu achten. Jeder hat seine eigene Erfahrung und Einstellung. Der persönliche Werdegang ist individuell. Unsere Entwicklung ist am wenigsten beeinflusst, wenn die äußeren Kräfte mit unseren inneren Kräften im Einklang sind. Beispielsweise lassen wir uns leicht von Begriffen wie Kundalini oder Sushumna beeinflussen. Sie mögen eine Bedeutung für die Entwicklung von Menschen gehabt haben. Diese haben sie nicht mehr. Für uns heutige Menschen bedeuten diese Begriffe eine Konzentration auf vergangenes Wissen. Wir benötigen manches im heute nicht mehr. Unsere eigenen Erfahrungen und Fähigkeiten würden eingeschränkt, wenn wir zu sehr auf die Vergangenheit achten und zu wenig auf das Jetzt. Es ist ausreichend, wenn wir uns darauf besinnen, dass wir Energiezentren haben.

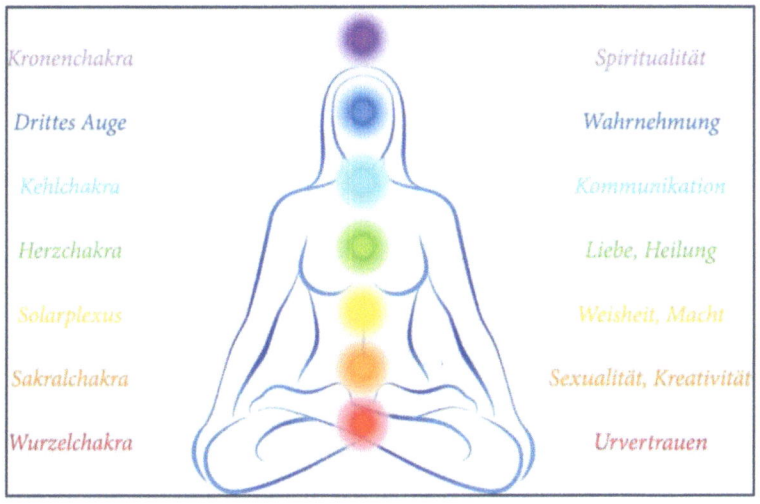

| | |
|---|---|
| Kronenchakra | Spiritualität |
| Drittes Auge | Wahrnehmung |
| Kehlchakra | Kommunikation |
| Herzchakra | Liebe, Heilung |
| Solarplexus | Weisheit, Macht |
| Sakralchakra | Sexualität, Kreativität |
| Wurzelchakra | Urvertrauen |

Nicht wundern, geschehen lassen. Wir sind nicht mehr die Unwissenden aus vergangenen Zeiten. Wir alle haben gelernt, mit Wissen umzugehen. Vieles kennen wir noch nicht, wenn wir aber etwas gezeigt bekommen oder zusehen können, fällt es uns leicht, es selbst zu tun.

Unsere Hände finden die Stellen am Körper, die heilende Kraft benötigen. Die Hände den oder die Auflegepunkte finden lassen und dann erst den Kopf einschalten, um zu verstehen, wieso unserer innerer Heiler diese Punkte gewählt hat.

**Hauptchakras vom Menschen:**

Die Heilung von Menschen und der Natur ist eine unserer vornehmsten Aufgaben. Der Mensch ist ein soziales Wesen, auch wenn er sich auf der Erde oft anders benimmt. Jeder Mensch hat die Fähigkeit zur bewussten Heilung in sich.

Die Fähigkeit zur geistigen Heilung mag uns kaum bewusst sein. Wir können aber selbst lernen, wie es ist, wenn wir geheilt werden oder selbst heilen, indem wir unsere Hand auflegen.

<u>Anm.:</u>  Bitte die Selbstheilung nur als Unterstützung des Arztes bei seiner Arbeit einsetzen.

**Handchakren (gebende Chakren):**

 Eine unserer Eigenschaften ist die Fähigkeit zur bewussten Heilung. Unbewusst heilt sich jedes Lebewesen in dem Umfang, wie es seiner Natur entspricht. Wir können mit zwei unserer Chakren heilen, indem wir über sie Lebensenergie aus dem Gottesbewusstsein „channeln" (kanalisieren).

Was da genau passiert, wie das funktioniert, wissen wir noch nicht. Die Aufgabe des Gebenden ist es nur, sich als Kanal zur Verfügung zu stellen, um die heilende Kraft dorthin zu bringen, wo sie wirken soll. Wir verstehen noch nicht alles, aber wir sehen ihre Wirkung.

# Informationen zu Reiki und zu einer Reiki-Sitzung

Reiki (gesprochen "Reeki") bedeutet und ist universale Lebenskraft direkt aus dem Gottesbewusstsein. Im letzten Jahrhundert ist Reiki als eine uralte Weisheit von dem christlichen Mönch Dr. Usui in alten Sanskrit-Sutras wiederentdeckt worden.

Diese wiederentdeckte Weisheit zeigt, dass die heilende Kraft in konzentrierter Form über unsere Energiekanäle durch die Handchakren des Heilers fließt. Jeder kann mit dieser universellen Lebensenergie umgehen. Es ist eine Fähigkeit von uns Menschen. Die Menge und Intensität der Reikienergie richtet sich nach dem, was der physische und der feinstoffliche Körper momentan benötigen. Ist die Energie einmal aufgenommen, aktivieren sich die ohnehin vorhandenen Selbstheilungskräfte auf allen Ebenen des behandelten Wesens und unterstützen dieses.

Dazu gehört die körperliche, geistige und seelische Ebene. Der Energiefluss wird in fast allen Fällen schon während der Behandlung bewusst wahrgenommen und kann dabei für die Auflösung vorhandener Blockaden im energetischen Körper genutzt werden. Eventuell können nach einer Behandlung verdrängte oder vielleicht sogar schon vergessene Probleme an die "Oberfläche" kommen, mit denen sie sich dann auseinandersetzen und bewältigen sollten. Vorhandene Krankheitssymptome und Schmerzen werden gelindert oder auch geheilt.

Es ist möglich, dass nach einer Behandlung, speziell der ersten, Reaktionen einsetzen, die darauf hindeuten, dass der Prozess der

Revitalisierung eingesetzt hat. Dabei kann es sich um körperliches Unbehagen handeln, da der physische Körper beginnt, Gifte auszuscheiden. Auch emotionale Reaktionen sind beobachtet worden, die zusammen mit dem Unbehagen nach etwa 12 bis 24 Stunden verschwanden. Gönnen Sie sich nach Behandlungen etwas Ruhe und genießen Sie die angenehme Stimmung.

Eine REIKI-Behandlung dauert etwa eine Stunde. Dabei werden alle Energiezentren (Chakren) im Zeittakt von etwa 3-4 Minuten behandelt. Am Anfang einer Behandlungsserie sollte REIKI an vier aufeinanderfolgenden Tagen empfangen werden. Das hängt auch mit den Gewohnheiten des Empfangenden zusammen.

Reiki kann man nicht sehen, man kann es fühlen und man bekommt die Heilung präsentiert. Es ist wie mit der Dunklen Materie. Wir sehen sie nicht, aber wir können die Wirkung wahrnehmen.

Auch als geistiger Heiler kann man nicht immer und bei jeder Gelegenheit heilen. Manchmal ist nicht Heilung das Ziel, sondern die Krankheit ein Weg. Dann ist der Weg das Ziel. Wir können auch aus Krankheiten lernen. Ein Arzt muss aufgrund des hippokratischen Eides immer helfen. Ein geistiger Heiler sollte lernen, seine Grenzen einzuhalten.

Anm.: Bei sich selbst eine Hand aufzulegen, das geht immer - auch wenn wir schlafen.

# Kapitel IV

## für Religionsgemeinschaften

# Erweiterung für Religionsgemeinschaften

Die Menschheit entwickelt sich. Sie entwickelt sich weiter. Deutlich bemerken wir das an unseren Körpern. Die Veränderungen an unseren Körpern können wir unterstützen, wir können sie ansonsten nicht beeinflussen. Das ist eigentlich ganz gut, ansonsten würden wir eine Zeit lang mit schwarzen Haaren herumlaufen, dann wieder mit blonden - aber selten mit grauen Haaren. Die Rede ist von eigenen, nicht von gefärbten Haaren oder Perücken.

Eine der revolutionärsten Entwicklungen dürfte der aufrechte Gang sein. Ein Anfang noch auf Bäumen mit Festhalten an Ästen war vor ca. 12 Mio. Jahren. Ein erster Nachweis gelingt mit „Lucy", die vor ca. 3,2 Mio. Jahren lebte. Weil das so lange her ist, kann die Entwicklung des aufrechten Ganges nicht nachgewiesen werden. Es ging sicher sehr lange, über viele Generationen, bis wir ihn beherrschten. Der aufrechte Gang hat klare Vorteile. Erwähnenswert ist neben vielen anderen Vorteilen, dass die Hände frei werden. Wie alles in unserer Dualität hat der aufrechte Gang auch Nachteile. Wir können nicht mehr so selbstverständlich unser Dasein auf Bäumen fristen. Auch erfordert es einen besseren Gleichgewichtssinn. Das sehen und spüren wir direkt, nämlich die Vorteile, die es hat, wenn man in der Savanne aufrecht gehen kann.

Solange der Gleichgewichtssinn nicht ausgebildet ist, läuft man wie ein Betrunkener durch eine Wiese, man sieht seine Lage und muss sie dann korrigieren. Das ist umständlich und dauert für

Reaktionen zu lang. Sobald der Gleichgewichtssinn ausgebildet ist, spürt man seine Lage im Raum auch im Dunkeln. Das ist viel schneller, weil der Bewegungsapparat schon auf Muskelebene reagieren kann. Einen Nachteil bekommen wir zu spüren, es ist die größere Belastung des Bewegungsapparates, da nur auf zwei Beinen gegangen wird, anstatt auf allen vieren.

Jetzt kommt das aber: Das wir gelernt haben, unsere Hände auch zu gebrauchen, war eine Voraussetzung für unseren Verstand. Machen wir einen Sprung von 12 Mio. Jahren. In unserer Vorstellung können wir das. Ohne die Entwicklung der Funktion von Händen hätten wir Motoren nicht entdeckt. Es würden heute keine Autos fahren, Telefone klingeln und es würde keine Computer, Flugzeuge, Handy, Labor-Viren etc. geben.

Das sind technische Entwicklungen, die aus unserem heutigen Leben nicht mehr wegzudenken sind. Gehen wir jetzt einen Schritt weiter. Unsere Entwicklungen finden im Äußeren statt. Zuerst im Äußeren und dann zwangsläufig auch im Inneren.

Beispiel für eine äußere Entwicklung:
Explosionen waren ein Thema, die weitere Entwicklung waren Pistolen, Gewehre und Kanonen in allen Variationen. Kriege lassen sich durch diese Entwicklungen viel leichter führen.

Beispiel für die darauffolgende innere Entwicklung:
In diesen Kriegen gab es viel mehr Verletzte und Tote. An diese Konsequenz hatte man nicht gedacht.

Was soll mit diesen Aussagen gesagt werden? Unsere äußere Entwicklung geht viel schneller voran, wie unsere innere. Wir begreifen nicht einmal nach vielen Kriegen mit Millionen Toten, dass Waffen unmenschlich sind. Nach 500 Jahren, solange gibt es Schusswaffen schon, reicht es uns nicht, dass wir sie haben. Wir setzen sie auch ein.

Ein Höhepunkt bei der Entwicklung von Waffen war wohl die Entwicklung von Atomwaffen. Wir scheinen endlich zu verstehen, dass von deren Einsatz die Menschheit insgesamt abhängig ist. Aber es gibt immer noch genug Politiker, die mit dem Argument „Atomwaffen" ihren Standpunkt durchsetzen wollen. Sie spielen damit mit dem Wohl der Menschheit.

Diese technologische Entwicklung hat Konsequenzen und im Sinne der Dualität auch Menschen, die sie vertreten. Dazu gehören als Beispiele der Vergangenheit Hitler und Napoleon und als Beispiele der Gegenwart Kim Jong-un, Putin oder Trump. Deren Weg funktioniert vielleicht für sie, aber nicht für die Menschheit. Die hat diese Entwicklungsstufe längst verlassen. Sie haben nicht verstanden, dass sie die Entwicklung der Menschen zwar aufhalten und erschweren, sie aber nicht verhindern können. Die Menschen wissen, was sie nicht mehr wollen. Sie wollen beispielsweise nicht, dass Menschen so brutal abgeschlachtet werden, wie es die Vertreter dieser veralteten Weltanschauung befürworten. Sie folgen, ohne es zu merken, ihren Instinkten. Diese haben wir auch. Es liegt an uns, ob wir uns von ihnen beherrschen lassen, oder nicht. Kommen wir zur nächsten, noch nicht offensichtlichen Herausforderung der Menschheit.

## Autonomie von Computern

(KI - künstliche Intelligenz + autonomes Fahren + Computer)

Nur nicht verrückt machen lassen! Es ist nicht das Leben!

Man spricht in der Wirtschaft von einem Datenbedarf von Petabyte. Ein Petabyte sind 1.000 Terabyte oder 1 Mio. Gigabyte. Ein Computer ist grundsätzlich dumm. Deshalb ist der Datenbedarf so groß, um Fehler möglichst auszuschließen. Er versteht nur 0 oder 1. Darauf ist seine ganze Intelligenz aufgebaut. Zum Vergleich: Dieses Buch hat ca. 3 Megabyte Speicherbedarf, für eine KI mit 1 Petabyte Speicher sind das ca. 330 Mio. Bücher.

Es besteht durchaus die Gefahr, bzw. die Möglichkeit, dass wir Computer so in unser Leben integrieren, dass sie Menschen ersetzen können. Wenn man, wie in der Wirtschaft/Industrie üblich, an Gewinnoptimierung denkt, denkt man sicher in diese Richtung.

Erleichtert und beschleunigt wird dieses Ansinnen, wenn Computer autonom werden, wenn sie unabhängig den Ort wechseln können. Kommen wir zu dem Punkt, an dem aktuell gearbeitet wird und der bald realisiert wird. Es ist die Kombination aus KI (künstliche Intelligenz), Computer und autonomes Fahren (freie Bewegung, z. B. Auto, Schiff, Flugzeug, Roboter).

Definition KI vom Europäischen Parlament:
*Künstliche Intelligenz ist die Fähigkeit einer Maschine, menschliche Fähigkeiten wie logisches Denken, Lernen, Planen und Kreativität zu imitieren.*

*KI ermöglicht es technischen Systemen, ihre Umwelt wahrzunehmen, mit dem Wahrgenommenen umzugehen und Probleme zu lösen, um ein bestimmtes Ziel zu erreichen. Der Computer empfängt Daten (die bereits über eigene Sensoren, z. B. eine Kamera, vorbereitet oder gesammelt wurden), verarbeitet sie und reagiert.*

*KI-Systeme sind in der Lage, ihr Handeln anzupassen, indem sie die Folgen früherer Aktionen analysieren und autonom arbeiten.*

Unsere Neugierde wird uns, wie vor fast 12 Mio. Jahren auch, als es um das Gehen auf der Savanne ging, motivieren. Dieses Mal ist es die Autonomie von Computern, unsere eigene Erfindung. Es ist der gleiche Ablauf wie bei Motoren. Wir müssen und wir werden uns damit auseinandersetzen. Müssen deshalb, weil es unserer Natur entspricht. Unsere Neugierde treibt uns an, weil wir wissen wollen, was bei unseren Vorhaben herauskommt und wir wollen wissen, was in uns außer der Gier und dem Machtstreben an weiteren Fähigkeiten steckt. An dieser Stelle eine kleine Hilfe: Unsere weiteren Fähigkeiten können wir erst erlernen, wenn wir unsere tierischen Instinkte wie Gier und Macht so weit in den Griff bekommen, dass sie uns nicht mehr beherrschen. Das ist zum Schutz vor uns selbst und auch der geistigen Welt, weil es ein Kennzeichen von Selbstbeherrschung ist, wenn wir nicht jeder Versuchung unterliegen.

Eine Fähigkeit war das aufrechte Stehen. Auf dem Weg zur KI gab es viele Entdeckungen. Und viele Entdeckungen liegen noch vor uns. Dabei gilt es eines zu berücksichtigen. Es ist das Leben. Wir haben bisher nicht viel Rücksicht auf das Leben genommen.

Das wird sich ändern, weil wir jetzt an einem Punkt sind, an dem es um das Leben, das Überleben der Menschheit geht. Wir Menschen werden auf der Erde nur überleben, wenn wir mit dem Planeten und mit der Natur gehen und nicht gegen sie.

Wir leben ja in der Dualität. Also hat diese neue Entwicklung auch Nachteile, die leicht zu einer Gefahr werden könnten. Da wir neugierig sind, wird die KI und das autonome Fahren kommen. Computer haben wir schon.

Die Gefahr ist, dass dann Menschen ersetzt werden. Das ließe sich mit Argumenten wie der Sicherheit begründen. Die Folge wäre aber, dass ganz viele Menschen nicht mehr benötigt würden. Nicht nur im Transportwesen, alle wiederkehrenden Tätigkeiten ständen zur Disposition. Nur denkt im Moment kaum jemand an eine solche Situation.

Wenn wir nicht aufpassen, wenn wir uns der Gefahr nicht bewusst werden, werden Computer und unsere anderen Entwicklungen zu einem Selbstläufer. Sie werden dann im übertragenen Sinn zu Dirigenten des menschlichen Leides.

Sie verstehen die Konsequenz? Weniger Menschen wäre für den Planeten und dessen Natur eine Wohltat. Nur dürfte der Weg dahin für die Menschheit sehr schmerzhaft werden. Die Entwicklungen sind für sich betrachtet interessant. Sie könnten eine Erleichterung für Menschen werden - und dass sollten sie auch bleiben.

# Progression

Der Begriff Progression wird in der Musik, Sprache und z. B. bei Steuern verwendet. An dieser Stelle, zur begrifflichen Beschreibung eines Ablaufes, verwenden wir ihn auch.

Etwas ist im Rahmen einer Entwicklung linear, solange diese gleichförmig verläuft. Eine Steigerung, z. B. von 2 % Wachstum pro Jahr wäre demnach linear. Wenn etwas in Progression ist, bezeichnet es hier in diesem Buch eine beschleunigte Steigerung pro Zeitabschnitt. Ein Beispiel für eine Progression ist eine Explosion. Die Zunahme einer Progression wird gegen ihr Ende unkontrollierbar. Sie geht dann ausgehend von null gegen unendlich.

Unkontrolliertes Wachstum haben wir auch bei der Erdbevölkerung. In den vergangenen 12 Jahren, von 2011 bis 2023, hat die Bevölkerung der Erde um eine Mrd. Menschen zugenommen. Im Kurvenverlauf werden die Zahlen verständlicher. Das X markiert die Stelle, an der die Menschheit heute steht. Die Frage ist, was auf eine Progression folgt. Normalerweise folgt eine Stagnation, in der die Kurve nicht mehr wächst.

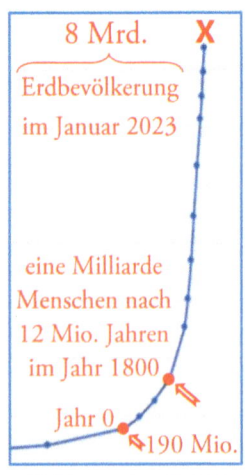

*Zahlen siehe: S. 110*

Es könnte sein, dass wir uns am Beginn einer Stagnation befinden. Das kann ein kurzer, aber auch ein längerer Zustand sein.

Ein weiteres Wachstum, so wie wir es uns vorstellen und gerne hätten, ist aus unterschiedlichen Gründen kaum möglich. Zum einen hat unsere technische Entwicklung ihre Grenzen erreicht. Zur Erklärung: Die Natur ist so weit erforscht, dass wir die wichtigen Dinge wie fahren, tauchen und fliegen etc. auch können. Die neuere technische Entwicklung ist digital. Sie beruht auf 0/1, ja/nein, da ist etwas oder da ist nichts. Sie ist bedingt durch die Lichtgeschwindigkeit von Elektrizität sehr schnell. Von ihrer Schnelligkeit und den Möglichkeiten, die die digitale Technik bietet, sollten wir uns nicht zu sehr beeindrucken lassen. Technik ist nicht menschlich, sie ist ein Produkt unseres Verstandes. Unsere Fähigkeiten sind andere. Würde es nach der Technik gehen, dürfte es unsere Fähigkeiten nicht geben.

Stichwort: Begrenzung durch Raum und Zeit.

Wieder zurück zur Progression und der darauffolgenden Stagnation. Auf Stagnation folgt oft eine Depression, das Abnehmen eines Kurvenverlaufes. Ziel der Depression ist, ein stabiles Maß zu finden. Für die Erde würde das bedeuten, dass sie, die Natur und die auf ihr lebenden Menschen ein Gleichgewicht finden.

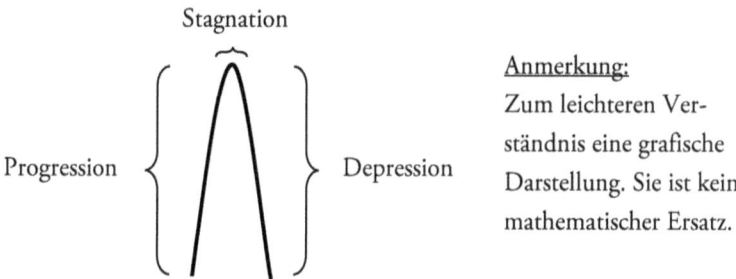

Anmerkung:
Zum leichteren Verständnis eine grafische Darstellung. Sie ist kein mathematischer Ersatz.

Das wäre ein relativ stabiler und gleichförmiger Kurvenverlauf, solange er durch Einflüsse wie Meteore nicht gestört würde.

Da haben wir wieder ein Beispiel für +, 0, - oder zunehmend, wechselnd, abnehmend. Wenn etwas seine Grenzen erreicht, wechselt es seinen Zustand. Das gilt im Großen für schwarze Löcher und auf die Menschheit bezogen auf die Grenze ihrer Anzahl. Wenn wir nicht selbst in der Lage sind, unsere Grenzen zu akzeptieren, bekommen wir gezeigt, wo unsere Grenzen sind. Für die Menschheit wird dieser Prozess ziemlich schmerzhaft, weil er das Schrumpfen der Weltbevölkerung auf ein stabiles Maß beschreibt. Wo dieses Maß liegt, wann und wie schnell es erreicht wird, hängt von vielen Faktoren ab.

Wir sollten den Vorgang als reale Möglichkeit betrachten. Wir befinden uns, was die Progression der Bevölkerungszahl angeht, im nicht mehr kontrollierbaren Bereich. Das System ist mittlerweile selbstbestimmend. Versuche, die Folgen einer Depression zu verhindern oder abzumildern, können auf die in Gang gesetzte Entwicklung wenig Einfluss nehmen.

Das soll heißen, dass wir zwar Auslöser der Entwicklung der letzten 170 Jahre sind, also etwa seit der Industrialisierung. Wir haben aber keinen entscheidenden Einfluss auf die weitere Entwicklung der Erde.

Was tatsächlich in unserer nahen Zukunft passieren wird, ist eigentlich schon klar. Nur wollen wir darüber öffentlich nicht reden, sondern nur unter vorgehaltener Hand. Wenn wir das Wissen, das wir vielleicht in 50 Jahren haben werden, vor 170 Jahren gehabt hätten, hätten wir uns vermutlich anders verhalten.

# Naturgötter - veraltete Kirchen

Eine kleine Geschichte: Um eine Reiki-Einweihung schöner zu gestalten, wurden an einem Berghang Utensilien kreisförmig angeordnet. Im Wald kam ein Geist. Er bzw. sie sah aus wie eine Försterin. Grüne Jacke, zum Pony frisiertes braunes Haar, graue Cordhose. Sie war sehr freundlich und erzählte, dass sie auf den Wald aufpasst.

Später, während der Einweihung, war sie wieder da. Dieses Mal in ihrer ganzen Pracht und Schönheit. Goldene Bekleidung, Krone etc. Sie war eine Bereicherung während der Einweihung, die Vögel waren genau zu diesem Zeitpunkt ruhig und alles war sehr andächtig.

Die Geschichte ist wahr und soll zeigen, dass Wesen, die wir als Geister bezeichnen, in verschiedenen Bekleidungen erscheinen können. Das eine Mal war die Frau eine Försterin, das andere Mal eine Göttin. Das geschieht auch in unseren Religionen. Wir haben die geistigen Sinne, um auch die feinstoffliche Welt wahrzunehmen. Wir trainieren diese Fähigkeit am besten von Kindheit an. Kinder wissen selbst sehr gut, ob sie eine Fähigkeit interessiert und mit ihr weiter üben wollen, oder ob sie lieber etwas reparieren oder an einem Auto basteln wollen.

Das ist auch unter dem Begriff - veraltete Kirchen - so zu verstehen. Zu früheren Zeiten haben wir gerne die geistige Welt als etwas Übersinnliches abgetan. Für uns Normalbürger war diese Welt nicht zugänglich. Vielleicht haben wir noch Priestern einen geringen Zugang zur geistigen Welt zugetraut. Dass dieser Zugang aber zu unseren Fähigkeiten gehört, dass wir ihn nur trainieren müssen, um ihn als selbstverständlich in unser Leben zu integrieren, darauf wären wir nie gekommen. So etwas hätten wir auch nicht gewagt, nur um in der Meinung unserer Mitmenschen nicht als verrückt zu gelten.

Glücklicherweise ändern sich die Gesellschaften. Sie werden toleranter gegenüber ihren Mitgliedern. Das ist wünschenswert. Vieles ist getrennt, wie Tag und Nacht, oder männlich und weiblich. Es gibt jedoch immer eine Grauzone, in der beides wirksam ist - sowohl als auch.

Deshalb wäre es auch schön, wenn sich Religionen und deren Kirchen weiter entwickeln würden. Wenn sie das nicht tun, werden sie irgendwann nur noch in unserer Erinnerung sein. Dann werden Historiker in der Erde wühlen, um alte Erinnerungsstücke an Kirchen zu finden.

Unser Glaube ist etwas Lebendiges. Er lebt genauso, wie wir es tun. Er entwickelt sich mit uns weiter. Je mehr wir uns entwickeln, desto mehr entwickelt sich unser Glaube. Er wird hoffentlich irgendwann zu Wissen, spätestens dann, wenn wir uns und die geistige Welt begriffen haben.

Das ist eine Aufforderung an alle Kirchen. Menschen brauchen einen Glauben, deshalb werden auch Religionen gebraucht. Die Bitte an Kirchen ist, Entwicklung zuzulassen.

# Grundlagen des Glaubens

Gott gibt es wirklich.

Der Mensch ist ein Geschöpf Gottes.
Wer sonst hätte das alles schaffen können?
Wir finden Gott in seiner Manifestation, dem Leben.

Die geistige Welt gibt es auch. Wir sind nicht alleine.

Unsere Seele ist göttlicher Natur. Was wir hier auf der Erde entwickeln, ist unser Ego. Unser Ego ist die Verkörperung unserer Individualität. Diese ist uns von Gott gegeben und wir sind dabei, sie zu entdecken. Dass wir Individuen sind und wir uns entdecken dürfen, ist abenteuerlich und nicht immer leicht. Aber es lohnt sich, sich selbst zu finden. Wenn wir das geschafft haben, ist es zu Gott nicht mehr weit. Er ist in jedem Menschen. Das wir von ihm getrennt sind, ist einer unserer Irrtümer. Wir sind nicht von ihm getrennt, wir nehmen ihn nur nicht wahr.

Wir sind ebenfalls unsterblich. So sind wir von ihm geschaffen.

Liebe hält alles zusammen. Sie ist die vereinigende Kraft. Sie ist die Kraft, die Gegensätze zueinander bringen kann, sie zu einem Ganzen vereinigt. Um Liebe besser kennen und verstehen zu lernen, sind wir hier. Wir gehen zurück, wenn unsere Seele der Meinung ist, dass wir genug gelernt haben. So lange führen wir Leben auf der Erde. Dies ist der Weg, wie wir uns entdecken und wie wir das Leben achten lernen.

Die Materie und damit die Erde ist ein Ort, an dem Menschen Erfahrungen machen können, die in der geistigen Welt nicht möglich sind.

Unsere Seele hat den Zugang zu uns. Wir haben einen schlechten bis gar keinen Zugang zu unserer Seele. Wir könnten unsere Seele hören, wir sind so angelegt. Jedoch ist unser Zugang zu unserer Seele blockiert. Um es in einem Bild auszudrücken: Es ist wie nach einem Erdrutsch. Der Zugang ist versperrt. Wir hören sie deshalb nicht. Wir hätten es viel leichter, wenn Kirchen und wir gleichermaßen und gleichberechtigt daran arbeiten würden, unsere Verbindung zu unserer Seele und damit zu Gott wieder herzustellen.

Das erreichen wir nicht alleine durch das Gebet. Wir müssen es wollen und daran arbeiten. Wir erreichen unsere Seele, wenn wir wie Höhlenforscher damit beginnen, den Zugang zu ihr freizulegen. Der Zugang zu unserer Seele ist real. Er ist nur durch die vielen Leben, die wir hier geführt haben, verschüttet. Das ist, weil vieles verführerisch war und ist und auch, weil wir so leben wollten, wie wir es für richtig hielten.

Achtung vor dem Leben zu haben, war eher störend. Das mag nicht jeden von uns betreffen, aber viele von uns. Andernfalls wäre es auf der Erde wohnlicher.

# Menschen brauchen einen Glauben

Die menschliche Entwicklung bietet einen scheinbaren Ersatz für den Glauben. Meinen wir. Es ist die technische Entwicklung. Der Ersatz für den Glauben wurde gerne angenommen, weil der Glaube an Gott von Menschen in den vergangenen Jahrhunderten zu sehr missbraucht wurde. Der Glaube an Gott ist in unseren Gedanken und Gefühlen mit Angst, Furcht und Schmerz verbunden, leider zu wenig mit Liebe. Dadurch ist uns das Göttliche fremd geworden. Uns ist nicht bewusst, dass alles Leben Gott ist.

So war der Sprung vom Glauben an Gott hin zur Technik nicht groß. Die technische Entwicklung bringt Erleichterung im täglichen Leben, während im Namen des Glaubens Menschen und seine Entwicklungen unterdrückt wurden.

Scheiterhaufen, Tod, Folter, Zwang und Strafen, die im Namen des Glaubens möglich waren, dienten weder den Menschen, noch ihren Kirchen, noch ihrem Glauben. Gott braucht den Menschen nicht, wir brauchen ihn. Er bietet alles, wonach wir suchen. Scheiterhaufen als Strafe bringen uns nicht in den Himmel und uns ihm nicht näher.

Der Weg zu ihm ist für uns wichtig. Wir suchen unseren Weg zu Gott. Mancher oder besser viele Wege zu Gott waren und sind ein Irrtum. Die Irrtümer sind uns selbst entsprungen, also uns Menschen. Wie haben uns selbst entschieden, einen bestimmten Weg zu gehen. Es ist immer unsere Entscheidung, ob und wie wir zu Gott finden.

Was spräche dagegen, wenn wir beides nutzen? Unsere Errungenschaft, die Technik und unseren Glauben an Gott. Wenn wir das Unnütze an der Technik und das Unnütze am Glauben weglassen, bereiten wir uns selbst den Weg.

Was ist unnütz? Das findet jeder am besten für sich selbst heraus. Das Abenteuer, den Weg zu Gott, den Weg zu ihm in uns zu finden, finden wir leichter, wenn wir ihn alleine, das soll heißen - ohne „Besserwisserei" von außen gehen. Dadurch stellen wir fest, dass wir nicht alleine sind. Wir haben unsere Seele. Die Seele begleitet uns immer. Sie hilft uns. Es ist nicht unbedingt die weltliche Hilfe, die wir von ihr erwarten. Es ist die spirituelle Hilfe. Sie kann auch weltlich sein, sie ist es aber nicht zwingend.

Wir begreifen nicht alles, was wir sehen. Was wir um uns herum sehen, kann sich nicht selbst erschaffen. Wir wären gut beraten, wenn wir uns nicht für so schlau hielten, dass wir das alles, die Erde und ihre Natur als selbstverständlich annehmen.

Vorbilder für uns sind nicht die Menschen, die sich hier aufführen, als wäre alles ihr Eigentum. Wenn wir ein menschliches Vorbild wählen, dann eines, dass das Leben als Geschenk betrachtet und mit Rücksicht behandelt.

## Zwischenphase - der Schlüssel zu unserer Seele

Ich höre sie nicht - gilt hier nicht. Sie spricht laufend zu uns. Wenn wir sie erst einmal kennen und wir vertraut mit ihr sind, werden wir sie immer hören, wenn wir sie brauchen oder einfach nur wissen wollen, was sie meint. Sie ist da. Nun zum Schlüssel.

Wir haben eine Schlafphase, eine Aufwachphase und eine Wachphase. Der Schlaf ist das Gegenteil vom Wachzustand. Das kennen wir. Was uns wenig bewusst ist, ist die Zeit dazwischen.

Warum ist diese Zeit so wichtig für uns? Sie dauert nur kurz. Wenn wir damit anfangen, sie zu beobachten, kommt sie uns viel zu kurz vor. Es dauert leicht Jahre, bis wir die nötige Aufmerksamkeit entfalten, und den Zeitraum möglichst lang gestalten.

Warum? Es ist die Zeit, wo wir noch den direkten Kontakt mit unserer Seele haben und unser Verstand noch am trödeln ist. Wenn es uns gelingt, diese Zeitspanne so auszudehnen, dass uns Träume, Bilder oder Worte in der Erinnerung bleiben, können wir unsere Seele vernehmen.

Das mag sich dumm anhören, weil wir darauf geübt sind, die Zeitspanne kurzzuhalten. Welcher Teenager hat es noch nicht probiert, nach dem Klingeln des Weckers oder des Handys direkt aus dem Bett zu springen? Das klappt ganz gut, wenn wir es geübt haben. Der Nachteil davon ist, dass alles, was während dem Schlaf passierte, weg ist. Wir können uns, sobald wir in der

Wachphase sind, nicht mehr an den Inhalt der Schlafphase erinnern. Es sei denn, wir haben uns Erinnerungsbrücken geschaffen. Gemeint sind kleine Helferlein, die Erinnerung aufbewahren können. Ein Notizblock oder ein Handy mit Rekorder, was immer uns dabei hilft, Erinnerungen in unseren Wachzustand zu retten. Was wir bis jetzt noch nicht gelernt haben und deshalb wenig machen, ist unseren Schlaf für uns zu nutzen.

Im Schlaf passiert einiges. Wir können damit beginnen, unserer Seele zuzuhören. Was unsere Seele zu uns sagt oder sie uns träumen lässt, ist für uns dann nicht verloren. Klarer ausgedrückt: 1/3 Schlaf sind für die Regeneration unseres Körpers und für uns, 2/3 sind für unseren wachen Körper, unserem Ego und im erweiterten Sinn für die Gesellschaft. Erwarten Sie anfangs keine tollen Ergebnisse. Unsere Seele testet uns und schaut, ob wir den Wunsch zur Kontaktaufnahme mit ihr auch wichtig nehmen.

Wenn wir zu uns finden wollen, nutzen wir die Phase zwischen den beiden Zuständen. In dieser Zwischenphase arbeitet unser Verstand noch nicht voll, so ist es auch mit unserem Körper. Die Signale von unserem Verstand und von unserem Körper übertönen sonst die ruhigen Signale unseres Unterbewusstseins, unserer Seele. So können wir sie nicht hören. Die Botschaften, die sie uns mitteilt, sollen wir aber hören, damit wir zu unserem Wesen finden. Das wäre der erste Teil. Der zweite Teil handelt von unserer Selbstfindung. Dieser Teil gehört nur uns, über ihn bestimmen wir nur selbst. Um ihn zu finden, haben wir unsere Seele.

Wieso sind wir überhaupt beseelt? Die Seele hat mehrere Aufgaben. Eine ist, dass wir überhaupt in so einem Körper leben können, dazu braucht es die verbindende Kraft einer Seele. Denken wir an dieser Stelle kurz an die bedingungslose Liebe Gottes. Mit dieser Liebe bringt sie uns mit unserem Körper zusammen und stellt so die „Dreieinigkeit" her. Körper, Seele und wir. Sonst würden wir als geistiges Wesen einfach durch den Zellhaufen durchrutschen, der einmal unser irdischer Körper sein soll. Sie ist von Anfang an dabei und kennt uns gut. Wir sind mit ihr so vertraut, dass sie einen Bestandteil unseres Lebens darstellt. Wir merken gar nicht, dass sie das ist, so selbstverständlich ist sie.

Wenn wir dann irgendwann doch bemerken, dass sie da sein könnte, haben wir in aller Regel vergessen, wie wir sie hören können. Es ist für uns so aufwendig, wie aufrecht zu stehen oder gehen lernen. Beides bringen wir unserem Körper bei. Wenn wir in unserer körperlichen Entwicklung über einen Bach springen, meinen wir, auf dem richtigen Weg zu sein und schon alles gelernt zu haben. Wir kennen dabei nur den körperlichen Teil, nicht den geistigen. Dabei ist die von uns vergessene Verbindung zu unserer Seele nötig. Verstanden? Wir brauchen unsere Seele, um zu uns und dadurch zu unseren geistigen Fähigkeiten zu finden.

Indem wir uns von Gott abschneiden, schneiden wir uns auch von unserer Seele ab. Wir beschneiden uns dadurch selbst von unserem geistigen Teil. Wir sind getrennt, weil wir selbst die Ursache sind.

## Selbstbestimmung, wir entscheiden, unsere Seele berät

Wie ist das gemeint? Wir führen weitestgehend ein Leben, über das wir nicht selbst entscheiden, sondern andere. Als Babys und Kinder entscheiden unsere Eltern für uns, im Kindergarten und in der Schule vergrößert sich der Kreis derjenigen, die über uns entscheiden. Es sind im Wesentlichen neben den Eltern und Geschwistern die Familie, Erzieher, Lehrer und Freunde. Dann kommt eventuell die weitere Ausbildung wie Beruf oder Studium. Man gründet eine eigene Familie und kümmert sich um diese.

Das geht unser ganzes Leben so. Irgendwann scheiden wir dann aus diesem Leben, nach Krankheit oder Altersheim oder im Schoß der Familie, aber wir gehen wieder. Was wir in der ganzen Zeit nicht gelernt haben, ist auf uns selbst zu achten. Suchen, was wir selbst benötigen, um unser Leben führen zu können, hoffentlich dabei glücklich werden und uns selbst dabei finden - das wäre ideal. Wir können nur sicher sein, zu uns selbst zu finden, wenn wir uns auch wichtig nehmen, gleich berechtigt zu sein.

Für uns selbst ist das Ganze „drumherum", der Erhalt unserer Familie und das Weiterführen unserer Rasse/Spezies nur eine Aufgabe. Durch diese Aufgabe werden wir und lassen wir uns so ablenken, dass wir keine Muße und keine Zeit finden, uns um uns selbst zu kümmern. Eine der ersten Lehren ist, nicht egoistisch zu sein, sondern das zu tun, was von uns erwartet wird.

Das ist kein Vorwurf und überhaupt keine Kritik. Es ist nur der Versuch, Licht auf etwas zu lenken, wozu wir aus unterschiedlichen Gründen keinen Mut haben - zu uns selbst.

Es ist der Mut dazu, zu sich selbst zu finden. Das ist einer der Gründe, warum wir auch im hohen Alter noch nicht begreifen und begreifen wollen, dass wir Kinder Gottes sind. Es ist ein heilsames und zugleich schönes Gefühl, dass wir nicht alleine sind. Selbst dann nicht, oder gerade dann nicht, wenn wir bereit sind loszulassen, um dorthin zu gelangen, wo wir hingehören.

Wir sind in einer Gesellschaft, in der wir nicht über unser Leben entscheiden dürfen. Es wird von uns etwas erwartet, also handeln wir. Wir führen ein Leben, indem wir wenig wirklich entscheiden dürfen. Unsere Erziehung, die Ausbildung und unser gesellschaftliches Leben sind darauf ausgerichtet, einen, nennen wir es so: „roten Faden" nicht zu verlassen. Unsere Ausbildung, Beruf, Familie, Vereine etc. sind darauf ausgerichtet, diesen Faden zu bilden. Er markiert und bietet uns die Haltepunkte, an denen wir uns unser ganzes Leben ausrichten können und es auch tun.

Da ist nichts Schlechtes daran, solange es uns nicht aufgezwungen wird. Leider gibt es Gesellschaften, in denen genau das passiert. Menschen wird vorgeschrieben, wie sie ihr Leben zu führen haben. Es mag manchmal hilfreich sein, eine „starke Hand" zu spüren. Wir sind als Menschen so angelegt, dass wir uns auch führen lassen. Aber es ist nur eine Möglichkeit. Wenn diese Möglichkeit bestimmend für unser Leben wird, wenn wir selbst keine Möglichkeit hätten, über uns selbst zu entscheiden, würden wir in einer Diktatur leben.

Das Einzige, das wir aus einem solchen Leben mitnehmen würden, wäre die Erkenntnis, wie es ist, sich nicht finden zu können. Die Alternative wäre, ein freies Leben zu führen. In diesen Glauben werden wir versetzt, wenn man uns glauben lässt, dass wir in einer Demokratie leben und deshalb frei sind.

Wir merken nicht und halten das für ganz normal, dass wir nicht in einer Demokratie leben, sondern der Diktatur des Kapitals unterworfen sind. Wir leben in dem Irrglauben, dass alles nur deshalb funktioniert, weil wir uns immer mehr auf Kapital reduzieren. Nicht verwechseln, Geld ist eine gute Sache. Es ermöglicht uns unser Leben. Kapital ist das auch. Sie sind beide nur nicht begrenzt. Das verursacht die Unterschiede, in denen wir leben. Während Geld und Kapital immer mehr wird, verkümmern die Menschen, die Natur, die Erde und auch das Leben hier immer mehr.

Unser Leben wird von Geld und Kapital manipuliert. Kapital wird dabei so destruktiv eingesetzt, dass es dabei ist, unsere Welt, so wie wir sie kennen, lieben und für unsere Entwicklung brauchen, zerstört wird. Geld und Kapital wären sehr hilfreich für die Welt, wenn sie nicht grenzenlos wären. Besonders Kapital ist nur eine Zahl auf einem Stück Papier. Aber es wird von der Gier und dem Machthunger weniger beherrscht. Wir sind bei diesem Geschehen nicht unschuldig. Wir geben den Einfluss ab, der dafür benötigt wird.

Das scheint die Lehre der Menschheit zu werden. Was passiert, wenn Gier, Macht und Geld - das Kapital so umfunktionieren, dass notwendige Grenzen nicht existent sind? Was passiert mit dem Leben, der Natur und uns Menschen? Lassen wir diese Fragen offen. Die Frage des Abschnittes war die Frage nach der Selbstbestimmung.

Wir führen also ein Leben, das im Wesentlichen einem roten Faden folgt. Es ist eine Linie, die durch Erziehung, Ausbildung, Familie und dem Land, in dem wir wohnen, geprägt ist. Das ist ganz in Ordnung. Wenn es unser Wunsch und unser Ziel ist, ein angepasstes Leben in einer gesellschaftlichen Ordnung zu führen. Als soziale Wesen, die wir sind, wollen wir das.

Zumindest wir selbst kommen dabei etwas zu kurz. Wir lernen, uns an das Leben hier auf der Erde anzupassen. Wir geben dabei uns selbst auf, um ein Zusammenleben auf der Erde zu ermöglichen. Das ist so weit okay, wir gewinnen dadurch auch. Wir gewinnen für uns selbst Erfahrungen, die wir nur hier machen können. Wir leben ja in der Dualität. Also gibt es immer zwei Seiten. Die andere Seite der Medaille ist die Selbstaufgabe.

Ja, sicher! Auch wenn wir das nicht hören wollen. Um ganz spezielle Erfahrungen machen zu können, sind wir bereit, einen Preis zu zahlen. Dieser Preis ist die Selbstaufgabe. Wir geben uns in diesem(n) Leben auf, um Erfahrung(en) zu sammeln. Wie ist es, Leben zu schaffen, eine Familie zu gründen und zu erhalten und Teil einer Gemeinschaft zu sein? Den Preis, den wir zahlen, ist im Vergleich zu den Erfahrungen, die wir machen können, nicht zu hoch.

Kommen wir zur Selbstbestimmung. Sie ist ja der Teil, den wir in diesem Leben aufgeben, um Erfahrungen zu sammeln, die wir sonst nicht machen könnten. Was unter Selbstbestimmung in diesem Buch gemeint ist, dazu eine Erklärung. Wir leben in der Dualität. Ein Gleichgewicht besteht, weil alles einen Gegensatz hat. Wir können das Folgende leichter verstehen, wenn wir uns ein Bild mit dem Zeichen für Unendlichkeit machen, oder auch andere Zeichen wählen:

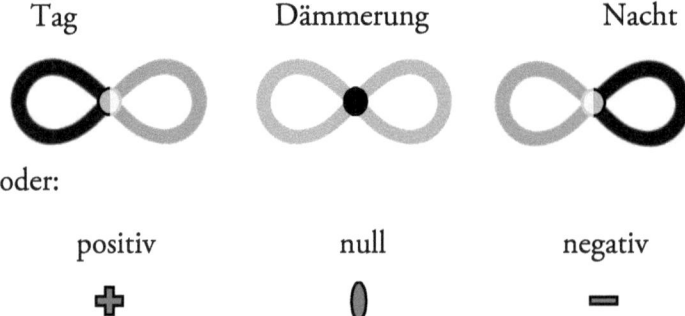

oder:

Im Sinn von Dualität ist Null das Gegenteil von Unendlich. Wenn man die Effekte vervielfältigt und nebeneinander reiht, erhält man eine Welle. Eine Wellenform ist stabil, man findet sie im überall im Universum. Es folgt ein Beispiel:

Es ist die Waage des Lebens. Das Leben hat zu allem ein Gegenteil. Tag-Nacht, männlich-weiblich, gut-böse, etc. Als dritte Komponente gibt es den Zwischenbereich, dort wo der eine Zustand in den anderen wechselt. Das wäre die Dämmerung oder Androgyn oder Neutral. Sie beschreiben den Übergang. Wie könnte dieser besser symbolisiert werden als mit 0 oder $\infty$?

Wenn wir nach der Unendlichkeit suchen, finden wir sie im Übergang. Es der Drehpunkt der Waage des Lebens. Schwarze Löcher kennzeichnen im Universum solche Punkte. Von Ihnen gibt es sehr viele und sehr unterschiedliche. Das gilt für die Quantenphysik im Kleinen und der Relativitätstheorie im Großen. Man muss nur den Drehpunkt finden, dann hat man auch die Grenze.

Wenn wir also ein angepasstes Leben führen, ist das eventuell weit weg von einem selbstbestimmten Leben. Das wollten wir so. Daher ist es auch okay für uns, wenn wir am Ende des „angepassten Lebens" wieder zu dem zurückfinden, der wir sind. Geben wir uns die Freiheit, den Blick über unser Leben etwas zu erweitern. Selbst am Ende unseres Lebens versucht die jeweilige Solidargemeinschaft über uns zu bestimmen. Selbst an diesem Punkt ist es uns nicht erlaubt, so zu leben, wie wir es für uns selbst für richtig halten.

Wenn wir die Grenzen des Lebens berücksichtigen, haben nur wir das Recht, dieses (unser) Leben so zu beenden, wie wir es wollen. Unsere Seele berät uns dabei.

## Schlusssatz

Die Erde ist ein Zwischenstadium in unserer Entwicklung. Das mag sich für diejenigen, die an einen wirklichen Tod glauben, der neben unserem Körper auch unseren Geist mit einschließt, falsch anhören. Es ist aber so. Unser Körper ist aus Materie. Materie unterliegt der Veränderung. Er wird geboren, wächst heran, vollbringt seine Aufgaben, stirbt und löst sich in seine Bestandteile auf.

Unser Geist ist nicht aus Materie. Da beginnt unser Glaube. Solange wir in unserem Sandkasten, der Erde leben, können wir uns benehmen, wie wir wollen. Wir könnten aber auch ein Leben führen, das sich die Natur als Vorbild nimmt. Es wäre ein Leben, in dem wir versuchen, Gott zu folgen und seine Gesetze zu ergründen. Das ist nicht unbedingt das, was unsere Kirchen (weltweit) von uns fordern. Es wurde im Laufe der Jahrtausende durch unseren Verstand neben Nützlichem auch viel Unsinn angehäuft. Den Weg finden wir leichter, wenn wir lernen, auf unsere innere Stimme, auf unsere Seele zu hören. Sie hilft uns auf dem Weg zu uns selbst, zu der Liebe zum Leben und zu Gott.

Zu ihr vorzudringen, hört sich einfach an. Nicht wundern, zwischen uns und unserer Seele liegen viele Blockaden und Möglichkeiten, die mitunter verführerisch sind. Beides haben wir in den vielen Leben, die wir auf der Erde führten, angehäuft. Sie blockieren den Zugang zu uns selbst und vor allem zu unserer Seele. Wenn wir wirklich in unserer Entwicklung vorankommen wollen, fangen wir damit an, nicht mehr allein die äußeren For-

derungen an uns als Wahrheit oder Berechtigungen anzunehmen, sondern auch unserem Inneren zu vertrauen.

Wir machen es uns nicht leicht, uns selbst zu entdecken. Greifen
wir auf unsere eigene Seele und unsere Wahrnehmung zurück.
Wir werden aus eigener Erfahrung, Wissen und Urteilsvermö-
gen ziemlich genau wissen, was mit Glauben und Glauben an
Gott gemeint ist. Nicht wundern, wenn Glaube anfangs unangenehm ist.

Das Göttliche könnte zur Menschheit auch Nein sagen, Eure
weitere Entwicklung ist sinnlos. Die Menschheit bringt es nicht
fertig, über ihren Tellerrand hinaus die Schöpfung insgesamt
wahrzunehmen.

Das Leben ist ein Geschenk. Es kann uns auch genommen werden, wenn wir es respektlos behandeln. Die Materie und in ihr
die Erde ist unser Sandkasten. In ihm dürfen wir unsere Leben
führen und können dabei unsere Erfahrungen sammeln. Irgendwann wird dann entschieden, ob und wie es mit uns weiter geht.
Haben wir unsere Spiele gespielt oder ist es nötig, dass wir noch
weitere Sandkasten besuchen? Beispielsweise in einen, in dem es
keine Liebe gibt. In dem wäre Liebe im besten Fall geheuchelt,
aber nicht unserem Innersten entsprungen. Wollen wir das wirklich? Oder sind wir bereit, das Göttliche anzuerkennen und unseren Glauben zu pflegen und zu folgen? Was auf uns auf der
Erde zukommt, wird uns sicher nicht gefallen. Es ist das
Ergebnis dessen, wie wir uns auf diesem Planeten benehmen.

Wir können so weiter machen, wie wir es immer taten. Wir halten uns auf der Erde für etwas Besonderes. Wir ordnen uns dem Leben weder unter noch ein. Wir betrachten es nicht einmal in Freundschaft. Wir, die Menschheit, ordnet sich das Leben unter. „Macht Euch die Erde untertan" wird bewusst missverstanden. Wir sind der Meinung, dass wir uns auch das Leben untertan machen müssen.

Dass wir damit einen Irrtum begehen, wird uns erst bewusst, wenn es zu spät ist, wenn „der Stein im Rollen ist". Zwischen der Materie und dem Leben gibt es einen großen Unterschied. Materie wurde uns von Gott zur Verfügung gestellt, damit wir spielen können.

Das Leben ist ein Teil von Gott selbst. So auch die Natur und alles Lebende, was uns umgibt. Wir sind ein Teil vom Leben. Wir existieren durch seine bedingungslose Liebe. Wenn wir sterben, betrachten wir dieses Leben und damit uns auch als beendet. Wir bemerken nicht einmal unsere Unwissenheit.

Das Ganze ist so absurd, dass man es nur schwer begreifen kann. Wir haben unseren Geist und unsere geistigen Sinne. Wir gehen mit unserem Tun hier auf der Erde in unserem Sandkasten weit über die Grenzen des Lebens hinaus. Wir nutzen es aus. Wir merken nicht einmal, dass unsere Wahrnehmung durch unsere körperlichen Sinne sehr eingeschränkt ist. Und genau so verhalten wir uns auch - sehr eingeschränkt.

## Für den Leser:

**Haben Sie Mut bei der Entwicklung zu sich selbst.**

Wenn wir Gott mit Respekt behandeln, behandeln wir auch
das Leben und damit uns selbst mit Respekt -
weil Gott das Leben ist.

# Über den Autor

Günther Messerschmid, 1955 im Südschwarzwald geboren und dort aufgewachsen. Es folgte eine Ausbildung, Bundeswehr, Studium und danach die Arbeit in mehreren internationalen Konzernen und im eigenen Betrieb.

Die Beschäftigung u. a. mit Astrologie, Lichtarbeit, Buddhismus, Kabbala und eine Ausbildung zum Reiki-Meister ermöglichte das Erforschen der Grenzen menschlichen Seins. Die Arbeit mit Trauma und Karma ist für ihn die effektivste Methode, die Seele von den Belastungen der Vergangenheit zu befreien.

(Sept. 2019)

Zwei Bücher mit dem Thema „Seele" waren Ende 2018 nach fast 30 Jahren Erkenntnisarbeit geschrieben, aber nicht veröffentlicht. Dazu brauchte es 2019 und 2020 die Erkenntnisse aus normalerweise tödlichen Krankheiten. Unter anderen eine Sepsis, zwei Herzstillstände und ein Organversagen beim Autor brachten die Bereitschaft, das erlangte Wissen weiterzugeben.

## In eigener Sache:

Was passiert, wenn unsere Seele Erinnerungen an die Vergangenheit oder an frühere Leben frei gibt? Wenig bis nichts. Wir halten sie für Hirngespinste. Was passiert, wenn Erinnerungen so stark werden, dass sie von unserem Bewusstsein wahrgenommen werden müssen? Sie dann unser Leben beeinflussen?

Dem Autor hat die Vergewisserung mit seiner Mutter und ihre Bestätigung der Geschehnisse geholfen. War es so, dass der Vater die Mutter im 5. Monat ihrer Schwangerschaft mit dem Autor missbrauchte? Ist die Erinnerung real, dass der Autor im 3. Monat missbraucht wurde?

(Sept. 1956)

Ja, die Erinnerungen waren nicht nur deutlich, sie wurden von der Mutter zu ihren Lebzeiten bestätigt. Auf dem Bild ist der Autor ein Jahr alt. An die Scheune und an das Bier kann er sich gut erinnern.

Es war ihm langweilig und in der Bierflasche war nur ein Rest. Die Inhalte der Bücher sind keine besondere Fähigkeit, sondern nur eine Erweiterung der Erinnerung auf ein Maß, wie es uns als geistige Wesen entspricht. Diese Fähigkeit hat jeder, sie wird nur nicht genutzt.

# Weitere Bücher des Autors:

### Das Trauma der Seele

 Inspiration, Imagination, Fantasie, Verstand, Denken und Sprache sind nur ein Teil ihres Spektrums. Ihre Fähigkeiten überschreiten bei Weitem das durch unseren Verstand vorstellbare Maß. Unser Gehirn ist lediglich der organische Vermittler zu unserem Körper. Mehr nicht.

Der Ausdruck der Seele kann durch traumatische Erlebnisse behindert oder verhindert werden. Das Buch beschreibt, wie Trauma durch die Verletzung der Integrität unserer Seele entsteht. Es beschreibt auch die Auswirkungen durch Traumas aus diesem und aus anderen Leben und wie sie geheilt werden können.

132 Seiten   ISBN: 9 783748 165798

### Dem Himmel so nah

 Wir leben im 21. Jh. und können die letzten Fragen, wer wir sind, woher wir kommen und wohin wir gehen, immer noch nicht eindeutig klären. Wir können diese Fragen nicht mit den wissenschaftlichen Methoden beantworten, die uns zum Mond brachten. Wir können jedoch die Antworten in uns finden, indem wir die Fähigkeiten nutzen, die jedem Menschen innewohnen.

Dann wird die Wahrheit zu Wissen, auch wenn wir sie nicht messen, wiegen oder zählen können. Dieses Buch bietet den Ansatz, über Erfahrung mit sich selbst und das Erleben von sich selbst zu sich zu finden, zur Quelle unseres Seins.

190 Seiten   ISBN: 9 783748 181439

### Die Wahrheit darf wahr werden

Was an Möglichkeiten und Fähigkeiten in uns schlummert, lässt sich vielfach beschreiben. Aus der Sicht des Heilers werden Wege aufgezeigt, wie Raum und Zeit hinter sich gelassen werden können, um dort zu heilen, wo Krankheit ihren Ursprung hat.

Das Buch beschreibt auch die Gefahren unserer heutigen Zeit, die in der Tiefe unseres Unterbewusstseins unsere Seele belasten. Es soll informieren, nicht überzeugen. Es ist die Summe von Erlebnissen und Erfahrungen der Zusammenarbeit einiger Menschen über 25 Jahre. Daher sind die inhaltlichen Beschreibungen und Erzählungen nicht mehr subjektiv, andererseits auch noch nicht objektiv, weil gleichartige Erkenntnisse vieler nicht einfließen konnten.

Dies ist die Hoffnung für die Zukunft. Das künftige Generationen sich vermehrt und vertieft mit dem Thema geistige Heilung beschäftigen. Dann vielleicht auch mit wissenschaftlichen Ansätzen, die über die reine Beobachtung der Möglichkeiten hinausgehen.

126 Seiten   ISBN: 9 783752 623970

**Ich war dreimal tot**

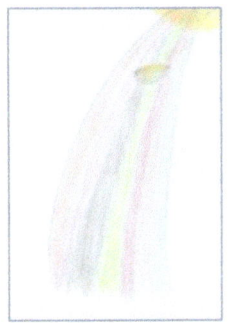

Wir Menschen meinen, dass das Leben hier auf der Erde in Stein gemeißelt ist. Das es fest wie Beton ist und unveränderlich. Wir meinen und lassen uns einreden, dass es außer dem Leben auf der Erde kein anderes Leben im Universum gibt.

Es ist so wie vor ca. 400 Jahren, als Galileo Galilei sein Weltmodell veröffentlichte, nämlich die Erde sei rund und kreist um die Sonne. Er hat nicht nur exakt beobachtet, er hat auch die richtigen Schlüsse gezogen.

Ähnlich ist es heute wieder. Die Menschheit steht vor einer großen und für sie wichtigen Erkenntnis und sie sagt erst mal: Nein, das kann nicht sein. Wahrscheinlich braucht es einige Generationen von Menschen, die dann in der Lage sein werden, unsere höheren Sinne anzunehmen und die Erkenntnisse aus ihnen als Möglichkeit der Entwicklung anzunehmen.

Im Grunde ist die Behauptung einfach:
Der Mensch hat eine unsterbliche, raum- und zeitlose Seele. Über seine Seele ist ein Mensch mit allem verbunden, was ist.

100 Seiten   ISBN: 9 783754 327050

Das Buch **Dualität** ist für unseren Verstand geschrieben. Das Buch **Weg zurück in die geistige Welt** enthält das Buch **Dualität** und ein weiteres Kapitel mit FAQ, in dem Fragen des Herzens beantwortet werden.

### Dualität - **aus geistiger Sicht**

Es gibt viele Definitionen zur Dualität, Realität und zur Materie. Wir beschreiben unsere Welt mit unseren körperlichen Sinnen. Wir sind blind für unsere geistige Wahrnehmung. Sie ist das Gegenteil zu unserer körperlichen Wahrnehmung und der entgegengesetzte Teil zu den mit unserem Körper verbunden Sinnen.

Wir sind glücklicherweise heutzutage nicht mehr so zurückhaltend, was unsere geistige Kompetenz angeht. Es sind wir Menschen, die in der Materie in menschlichen Körpern den menschlichen Geist zum Ausdruck bringen können, wenn wir wollen. Der Oberbegriff für Materie (Realität) und Geist (Inspiration) ist die Dualität. Wir erschließen sie uns, indem wir nicht nur unseren Körper nutzen, sondern auch unseren Geist.

97 Seiten   ISBN 9 783755 773306

### Weg zurück in die geistige Welt

Die Herausforderung an uns ist Spiritualität, die Unsterblichkeit unseres Geistes und dass die Materie unser Sandkasten ist.

120 Seiten   ISBN 9 783756 834716

**Quellenverweis:**

S. 48 - © akg-images - picture alliance

S. 72 - © Bilder von www.istockphoto.com

S. 82 – Zahlen für Kurvenverlauf: www.OurWorldinData.org